U0476231

阿坝州社科丛书

·国家级羌族文化生态保护区建设项目·

索尔 羌族口传非遗文化调查整理

景世荣　余永清　编著

Investigation and organization of oral intangible cultural heritage of the Suoer Qiang ethnic group

四川民族出版社

图书在版编目（CIP）数据

索尔羌族口传非遗文化调查整理／景世荣，余永清编著．－－成都：四川民族出版社，2023.6
ISBN 978-7-5733-1298-3

Ⅰ.①索… Ⅱ.①景…②余… Ⅲ.①羌族-非物质文化遗产-调查报告-中国 Ⅳ.①K287.4

中国国家版本馆 CIP 数据核字（2023）第 112425 号

索尔羌族口传非遗文化调查整理
SUOER QIANGZU KOUCHUANFEIYIWENHUA DIAOCHAZHENGLI

景世荣　余永清　编著

出 版 人	泽仁扎西
责任编辑	周文炯
责任印制	谢孟豪
出　　版	四川民族出版社（四川省成都市青羊区敬业路 108 号）
邮政编码	610091
设计制作	成都圣立文化传播有限公司
印　　刷	四川金邦印务有限公司
成品尺寸	170mm × 240mm
印　　张	13.5
字　　数	200 千
版　　次	2023 年 6 月第 1 版
印　　次	2023 年 6 月第 1 次印刷
书　　号	ISBN 978-7-5733-1298-3
定　　价	78.00 元

著作权所有·侵权必究

项目说明

为贯彻落实习近平总书记关于非遗系统性保护等重要指示精神，作为四级非遗名录项目总数位列全国第一方阵的全国非遗资源大州，阿坝州始终把推动文化生态保护区建设作为一项重大政治任务来抓，着力形成非遗传承保护的阿坝经验和阿坝路径，探索推出"非遗安家"创新发展模式。自2008年10月，国家文化部正式批准建立阿坝州国家级羌族文化生态保护实验区并授牌（2019年12月成功入选首批国家级文化生态保护区），羌族文化保护传承得到了党中央和省委、省政府前所未有的支持。

一直以来，阿坝州委、州政府高度重视文化生态保护区建设工作，成立工作领导小组，创新设立管委会，制定出台了《国家羌族文化生态保护区总体规划》《阿坝州州级文化生态保护区评定管理办法》《阿坝州非物质文化遗产科学保护传承与高质量发展实施意见》等系列政策措施。科学统筹使用国家、省、州、县四级资金，开展非遗项目抢救保护、田野调查、资料挖掘整理、学术研究、保护设施建设、传承传播等工作，该项目的顺利实施，得益于局领导的大力支持，通过国家级羌文化生态保护区专项资金组织开展编纂整理工作。截至今年，阿坝州文化体育和旅游局收集整理图文资料，对全州普查资料整理汇总，仅组织编撰、出版的非遗研究成果《国家级羌族文化生态保护区研究成果精选集》等系列非遗丛书就达220余套。

通过多年的努力和实践，阿坝州文化体育和旅游局创新推出的非遗抢救性保护、整体性保护、生产性保护与活态传承的"三保护、一传承"创建模式，在促进文旅融合发展、服务全州经济社会大局上发挥了重要作用。

阿坝州文化体育和旅游局

阿坝州社会科学事业专项资金资助项目出版说明

阿坝州社会科学事业专项资金资助项目旨在鼓励广大社科研究者潜心治学,扶持基础研究的优秀成果。它是经过严格评审,从业已完成的科研成果中遴选确定的。为扩大社科资金资助项目的影响,更好地推动学术发展,促进成果转化,州社科联按照"统一标识、统一版式、符合主题、封面各异"的总体要求,组织出版阿坝州社科资金资助项目。

阿坝州社会科学界联合会

采访茂县叠溪镇原太平乡"索尔"老人尤生富

采访汶川县绵虒镇"索尔"老人汪友伦（右）、汶川县威师校退休老师周吉贤（左）

采访理县蒲溪乡"索尔"老人孟子成（左）

采访理县蒲溪乡"索尔"老人祁润清（左二）

采访茂县沙坝镇原三龙乡"索尔"老人王万伦

采访茂县黑虎镇原黑虎乡"索尔"老人王兴国（左）、余友陈（右）

采访茂县沙坝镇原三龙乡"索尔"老人陈礼忠

采访茂县赤不苏镇原曲谷乡"索尔"老人王富成（左）、王正平（右）

采访茂县赤不苏镇原维城乡"索尔"老人王永贵（左）

采访邛崃市大同镇"索尔"老人李忠廷（左）

采访邛崃市南宝山镇"索尔"老人何东全（右二）

采访理县薛城镇"索尔"老人王科贤（右）

采访汶川县绵虒镇"索尔"老人汪清发

采访茂县沟口镇原沟口乡"索尔"老人肖永庆（左一）、肖永刚（左二）

采访汶川县灞州镇原龙溪乡"索尔"老人杨水生（右）

序 一

李祥林

2021年冬，岷江上游，阿坝州羌族口传史诗培训班按例举行，汶川、理县、茂县、松潘的传承人及学员在各县开展分班培训。由于疫情影响，今年的培训没有像往年那样采取集中方式，但在各方支持和群体呼应下依然取得良好效果。从微信圈看到各培训点朋友发的照片，我情不自禁地转发，并且由衷地写下"为阿坝州点赞"之语。

说到羌族史诗，会想到释比唱经；说到羌族史诗，会想到古歌尼莎。以史诗、长诗为龙头，羌族口头文学格外丰盛，令人神往。眼前这篇章成套的"索尔"，不也多姿多彩、魅力动人么！"索尔"是羌语译音，意为颂词，流行于乡里民间，是尔玛人一代代口头传承的文学。景世荣和余永清合作完成的《索尔羌族口传非遗文化调查整理》，包括"民俗""建筑""节庆""仪式"四大部分，有的篇章内部又分出子类，如"民俗篇"的"婚俗"和"葬俗"。"索尔"内容丰富，篇章生动，琅琅上口，具有生命实在感和审美感染力。

你听，"自从有了天与地，人间有了男和女，天神女儿木姐珠，只身下凡到人间，木姐带来婚嫁规，人间规矩就兴起"（说亲）；你听，"横压筋、顺压脉，近看梁、远看墙……房屋不稳心不定，老婆要看十八年，十八一过住百年，安安稳稳上千年"（砌墙）；你听，"来啊来大家来，团团围团团坐，围坐起好唱歌，冬月到快过年，过年要还神愿，过年要谢天恩，还神愿酿咂酒，笛莫珠玛木珠"（酿咂酒）……颂词声声，入耳，入心，让你陶醉在尔玛人的生活世界中。

口头文学，凝结传统，映照现实，传递心声，质朴、鲜活、美妙！

目前，两位搜集者整理了汶川、理县、茂县若干乡镇老人的"索尔"，松潘、黑水等地的口传颂词也在他们的采集计划中。2021年岁末，世荣发来书稿，请我写序的同时告诉我，他们在今年（2021年）的培训内容中也加入了"索尔"，特意从村寨请来几位老人，向年轻学员传授本民族的口头文学。岁月流逝，斗转星移，口头文学在现代化浪潮冲击下也有失传之虞，是民族责任心促使两位搜集者深入民间，采录乡音，梳理遗产，存留文化。

"现在正当时，倾力以为之。"羌族友人这句肺腑之言，令人感动。是啊，责任，担当，民族文化保护需要文化自觉，期待有识之士。自2017年以来，在党政部门主导和社会各界支持下，在热心人士积极组织下，请老师，邀学员，觅场地，开班级，阿坝州的羌族口传史诗培训连续举办了五届，效果愈加明显，声誉越来越好。为挖掘、传承、守护、弘扬民族优秀文化，他们动脑筋，下功夫，做实事，坚持不懈，努力再三，真的是不容易，也真正值得大家点赞！

2021年岁末于四川大学

李祥林 教育部人文社科重点研究基地四川大学中国俗文化研究所教授、四川省民俗学会副会长、四川省非遗保护协会专家委员会副主任、中国艺术人类学学会常务理事、中国傩戏学研究会常务理事等。其治学涉及民俗学、文化人类学、戏剧学、文艺美学。著作有《神话·民俗·性别·美学——中国文化的多面考察与深层识读》《女娲神话及信仰的考察和研究》《民俗事象与族群生活——人类学视野中羌族民间文化研究》等10余部。

序 二

陈兴龙

收到景世荣和余永清编著的《索尔羌族口传非遗文化调查整理》的书稿后，我很高兴。高兴之余，总在思考一个问题，羌族历史悠久，文化博大精深，过去也曾出版过一些研究羌族文化方面的著作，发表过一些文章。但是，全面而又通俗易懂地将索尔羌族口传非遗文化公诸于世，这还是第一次。因此，这本书的价值、意义，不言而喻。

羌，是一个古老的字，是甲骨文中唯一能代表民族氏族的文字。

历史上的羌，是古代羌族的一支后裔，是一个勤劳、智慧、多才多艺的民族。他们较好地保留和传承了古羌文化的核心部分，至今仍保存着自己独有的文化。

羌语，是羌族的特征之一，是羌族文化传承的直接载体。由于羌语保留了汉藏语系藏缅语族许多古老的特点，因此受到境内外专家学者的高度重视。语言学界普遍认可羌语是保留原始汉藏语和原始藏缅语成分最多的语言，称其为"原始汉藏语活化石"。

关于古羌话，一是汉文历史典籍以及一些地方志中有零星记载，二是在《羌族释比经典》《羌族萨朗》《索尔》等中大量存在。这些几千年的口碑文化沉淀如山一样厚重，伴随日月轮回，伴随生产生活，已是后人的宝贵财富。

索尔，羌语音译，即"suar"。关于索尔，每一个羌族人都不陌

生。每每进入生活场景、进入仪式场景，就会看到站在显赫处高声演讲的长者，就会听到长者娓娓道来的历史文化、生产生活知识以及处事为人等方方面面的谆谆教诲。回忆儿时，尽管听不懂的比听得懂的要多得多，但是，一看到长者神奇的样子和庄重的氛围，就会情不自禁地产生一种敬畏感，同时，也会产生一种由衷的敬佩感。心想，上课时老师讲课要看教案，开会时干部讲话要看稿子，而这些长者，手拿柏香、或羌红、或酒杆等，就能口若悬河、滔滔不绝、出口成章、引人入胜，就能让人自觉地站在那里聆听，顿觉受益匪浅。

在高校工作期间，我有幸承担了国家民族事务委员会重点古籍出版项目《羌族释比经典》《羌族萨朗》等的编撰工作，在搜集整理与研究中，常被里面华丽的词汇、精彩的句子所震撼，所有参与者无不感慨万千。这些博大精深的经典语言，是羌族先辈对人类的伟大贡献。

然而，羌语面临濒危，这是一个不争的事实。对于这一点，景世荣和余永清两位羌族学者更是有深刻的认识以及抢救的紧迫感。他们认为，索尔里面的语言丰富多彩，抑扬顿挫，引人入胜，还有很多不常听到的词汇、短句等等，且索尔语言中有很多哲学的、历史的、宗教的、生产生活等方方面面的知识。但是，随着羌族生产生活的巨大变化以及自然规律的不可抗拒性，拥有这方面文化知识的人越来越少，后继乏人。因此，如果不把先辈们留下的这份丰富遗产形成永久性的记忆档案传递给后人，那么，由远古传到今天的神圣文明之火就会灭掉，就会失传，最终将会对人类文明造成很大的损失。他们说，一代人有一代人的历史使命，我们这一代人有责任和义务把祖先留下来的非常优秀的文化传统，以最完美的形态传递下去。为此，多年来，他们在高山峡谷、白云深处，默默奔波、坚韧工作，坚守羌族文化的本土与家园，最终编写完成这本《索尔羌族口传非遗文化调查整理》。其实，这种工作基本上是没有经济回报的。那么，是什么力量使他们始终坚持，紧抓不放？我想，一定是一种社会责任使然，是一种心甘情愿的担当。所谓"天下兴亡，匹夫有责"，这是我们中华民族的优良传统，这种优良传统源自中华民族的自尊自强，源自一种思想上的自觉，一种境界。想到这里，我不由得在心里为他们坚持优秀传统，默默点赞、致敬！

再仔细研读那史诗般的索尔颂词，我再一次感受到了羌族文化教育的理论升华。在历史发展的长河中，勤劳智慧的羌族人民创造了绚丽多彩而又风格独特的文化艺术。索尔颂词朴实无华、生动形象，富有哲理、耐人寻味，不失为羌族文化中的精品。索尔是羌族历史的见证，其颂词内容丰富健康，传承至今，仍有可贵的历史意义和教育意义。索尔是具有社会教育的口碑文化，是研究历史和羌族社会习俗的珍贵资料。索尔属于羌族人生活范畴，是生活中的精神食粮，具有深刻的历史人文价值和现实意义。索尔反映了羌族人民的生活、习俗、宗教、哲学思想和伦理道德观念，表现出人们渴求美好生活的积极愿望，强烈表达了人们的社会要求。

阅读索尔唯美诗篇，该著作有以下特点：

一是对族群认同的深情表达。羌族文化源远流长，本书的思想意识中，族群认同通过现实的生产、生活和仪式活动表达了对美好生活的追求和向往。

二是民间记忆到文本记忆的历史转变。不论从理性角度看来是多么的匪夷所思，但都表达了人的自我认识，全方位、立体地展现了一个古老民族语言文化的魅力，并烙刻在了字里行间，为人们提供了认识羌文化的新视角，让更多的人领略羌文化的精彩。

三是羌族社会的真实写照，是羌族人民传统精神思想、生产实践、民风民俗的浓缩反映，涵盖了羌族人民物质生活和精神生活的各个方面，具有重要的社会价值、学术研究价值。

四是继《羌族释比经典》《羌族萨朗》之后，词汇较丰富的又一大作，对语言学、文学以及文化艺术等方面的研究，提供了不可多得的原始资料。

五是该书的出版发行，强调了如何从传统记忆中把"日常"打捞出来，同时也为羌族文化生态保护区建设做出了应有的贡献。

六是填补了羌族文化研究领域里的空白，具有记录、存史、传承等价值。

本书作者自小生长在羌族地区，深深扎根于羌族文化的沃土。他们作为羌族人民的儿子，吮吸着羌族人民的乳汁；作为羌族学者，沐浴着羌族传统文化的熏陶。他们对索尔文化的理解、体会和翻译应是恰当、正确的。负责羌语记音和整理的是茂县羌族语言文字保护协会的精英们，他们精通母语，受过高等教育，得到过专业训练，长期从事羌语言文字的搜集、整理、研究及培训工作，他们的记音和书写应是准确的。因此，由他们来编写这本书，是理所当然、顺理成章的事情，也是这本书特色之所在。

我希望这本书在向世人展现羌族独特文化的同时，能够对羌族学者有一定的启迪，为进一步挖掘优秀传统文化，为羌族文化生态保护区建设和助力铸牢中华民族共同体意识做出新的更大的贡献。

于都江堰市阿坝师院教师公寓

2021年12月5日

陈兴龙 羌族，曾任四川省羌学学会会长，现任中国西部研究与发展促进会羌学研究院常务副院长，四川民族出版社羌文化项目特聘专家，阿坝师范学院羌族艺术项目特聘专家。先后主持完成国家民族宗教事务委员会古籍重点出版项目《羌族释比经典》《羌族萨朗》等。2011年被国家民族宗教事务委员会评为全国少数民族古籍工作先进个人。

CONTENTS 目 录

第一章　民俗篇

- 002 … 说　亲
- 006 … 订　婚
- 007 … 敬　酒
- 009 … 撒筷子
- 010 … 接　亲
- 012 … 抹　油
- 014 … 赞嫁女
- 016 … 哭　嫁（一）
- 018 … 哭　嫁（二）
- 021 … 出　嫁（一）
- 023 … 出　嫁（二）
- 025 … 娶　媳
- 027 … 拜　堂（一）
- 029 … 拜　堂（二）
- 030 … 成　亲
- 031 … 新人洁净
- 032 … 结　婚
- 044 … 知　客
- 048 … 挂　红（一）
- 050 … 挂　红（二）
- 052 … 兄嫂祝福
- 054 … 长辈祝福
- 057 … 舅舅祝福
- 059 … 谢红爷（一）
- 060 … 谢红爷（二）
- 061 … 谢母舅
- 062 … 谢　客
- 063 … 铺　床（一）
- 064 … 铺　床（二）
- 065 … 祝　酒
- 071 … 迎母舅（一）
- 072 … 迎母舅（二）
- 074 … 吊　唁（一）
- 075 … 吊　唁（二）
- 076 … 吊　唁（三）
- 078 … 吊　唁（四）
- 079 … 吊　唁（五）
- 085 … 吊　唁（六）
- 087 … 吊　唁（七）
- 090 … 吊　唁（八）
- 091 … 祭　羊
- 093 … 答　谢
- 094 … 念夫君
- 095 … 念母恩
- 097 … 敬父母
- 098 … 养　蜂
- 101 … 十二杯酒

第二章　建筑篇

- 104 … 采　料
- 106 … 砌　墙
- 107 … 修　房（一）
- 108 … 修　房（二）
- 109 … 修　房（三）
- 110 … 修　房（四）
- 111 … 安家神
- 114 … 砍杉杆
- 116 … 敬门神
- 117 … 敬灶神
- 118 … 颂木匠
- 123 … 颂铁匠
- 125 … 打　铁
- 126 … 敬铁锄

第三章　节庆篇

- 130 … 狩猎节
- 132 … 耍狮灯
- 134 … 闹花灯
- 136 … 瓦尔俄足（一）
- 140 … 瓦尔俄足（二）
- 141 … 瓦尔俄足（三）
- 142 … 瓦尔俄足（四）
- 143 … 羌　年
- 144 … 十二月（一）
- 146 … 十二月（二）
- 148 … 十二月（三）

第四章　仪式篇

- 150 … 柏枝洁净
- 154 … 清水洁净
- 158 … 上愿洁净
- 159 … 还愿洁净
- 162 … 愿物洁净
- 164 … 圣鼓洁净
- 166 … 满月开坛
- 168 … 满月颂
- 169 … 酿咂酒
- 173 … 开　坛（一）
- 174 … 开　坛（二）
- 177 … 还晴愿
- 180 … 还　愿
- 188 … 敬太阳
- 189 … 敬玛比
- 190 … 去　病
- 192 … 驱兽害
- 194 … 神　袋
- 195 … 请玛比
- 196 … 治平安
- 198 … 狩猎人
- 199 … 关兽害
- 200 … 说是非
- 202 … 出　征

- 204 … 附录：调查档案
- 206 … 后　记

第一章 民俗篇

说　亲

今天在此来相聚
两家大事要说明
花儿不开不会香
不把话儿说明白
不知今天喝啥酒
不知今天咋个喝
不知今天吃啥肉
不知今天吃啥菜
不知今天坐哪方
不知今天该做啥

盘古开天辟了地
自从有了天与地
人间有了男和女
天神女儿木姐珠①
只身下凡到人间
木姐带来婚嫁规
人间规矩就兴起
一直传到现如今

我们不敢随便改
我们不敢任意变

不是今天才兴起
从古至今就这样
祖祖辈辈都遵循
男女成双要成对
男女生儿要育女

阿爸阿妈求神灵
祈求得儿又得女
家中一石麦子面
最白最细舀一瓢
做个馍馍敬神灵
百斤重的肥猪膘
选出最好一块肉
当作刀头敬神灵
百斤重的咂酒坛
舀上最好一杯酒

---

①木姐珠：羌语音译，传说中天神木比塔之女，下凡间嫁给羌人斗安珠，羌人婚嫁规矩由她从天上带下来。

当作敬酒敬神灵

释比^①请到村寨来
诚心诚意求子女
子女现已成了人
男大当婚女当嫁
说上一媒好亲事
要为子女办喜事

上方坐的老辈家
喜神赐予你贵子
下方坐的老辈家
喜神赐予你好女
男要成婚女要嫁
夜半三更还操心
人家已睡了九觉
别家已做了九梦
我家还在火塘边
五根指拇放胸口
数着村寨适龄娃
看起哪家的小伙
看上哪家的姑娘
哪家娃娃更般配

选的儿媳要选好
选的女婿要挑好
要选青稞种子样

千万地头选一块
最好最肥一块地
产出青稞籽饱满
产出青稞千万斤

最好青稞选一背
这背最好青稞中
最好青稞选一吊
这吊最好青稞中
最好青稞选一粒
看上女子选上婿
请出尊敬的红爷^②
帮着穿针又引线
请到女家去说亲
来回说亲的路上
女家没撒倒钩刺
到了女家大门口
女家没有关起门
走进女家大门口
女家没有抽楼梯
热情招呼火塘边
亲亲热热肯摆谈
上摆天来下摆地
又摆木姐老古规
最后摆到说亲事

人人都是这样来

---

①释比：羌语音译，是羌文化的集大成者，羌人相信万物有灵，而释比被尊奉为连接生死界、直通神灵的人。

②红爷：羌区对婚姻嫁娶中牵线搭桥人的称谓，由男性充当。

祖祖辈辈这样行
到了成亲的年龄
不管男女要成家
都要养儿又育女

就像蜂子要酿蜜
就像蜂子造蜂房
就像蜘蛛要吐丝
就像蜘蛛要结网
就像藤子要牵藤
就像藤子爬树岩
就像倒钩刺一样
一棵发成一百棵
一百发成千万棵

红爷大人也辛苦
一回来了来三回
来的次数记不清
一回说了说三回
说的次数记不清
女方家里有数了
女方心中有底了
女方家里想得到
男女双方亲戚根
早是亲戚有往来
现在加亲亲上亲
不是看中房田产
不是看家牛羊多
因为两家自古亲
要想两家亲不断
古规古矩提亲去

古规古矩说亲来
女方提亲没刁难
一口答应这门亲

男家面前夸女贤
女家面前夸男好
父母面前说好亲
亲戚面前说好话
一门亲事说成了
喜事根根理好了

年撵年来月盖月
年年月月飞过去
男娃长大成人了
个子超过父母亲
再不操心成亲事
房前人后有人说
阿爸阿妈都害羞

姑娘长大成人了
个子赶上父母亲
不把女儿嫁出去
房前人后有人说
阿爸阿妈要害羞
如今亲事已定成
两家心头乐滋滋

男方主家要操心
请来释比还了愿
九品香蜡神前供
银盏盘中测吉日

测选一个吉祥日
两家主家把婚办

吉祥日子已到来
女方好女要出嫁
女方主家家门口
坝子干净插了花
古规古矩要做到
女方彩礼要收到

人无彩礼身不贵
男方彩礼已送到
还有不周的地方
要请女家多原谅
今后成了一家人
女子女婿要来还
男方亲家要谢恩

订　婚

敬奉天神木比塔①
敬奉诸山众山神
敬奉人间日麦吉②
吉祥之日聚一堂
男孩女孩心头去
男家女家同订婚
双方家属协商好
为了青年谋幸福

既定结婚大喜日
两家把酒颂吉祥
祝愿青年要高升
祝愿青年要兴旺
祝愿青年要发达
祝愿青年要健康
祝愿青年要长寿
祝愿青年要和美

---

①木比塔：羌语音译，传说中天上最大的神。
②日麦吉：羌人祖先。

敬　酒

酒杯举过了头顶　　　　欢欢喜喜多热闹
情谊在酒中流淌　　　　劳动时候就劳动
好客日麦热情爽　　　　唱歌时候就唱歌
远方客人是宾朋　　　　礼尚往来自古兴
醇香咂酒美美颂　　　　宴席桌上酒为王
酒歌高亢献朋友　　　　自从盘古开天地
好饭好酒款待你　　　　三皇五帝治乾坤
诚心祝愿纳古勒①　　　三皇五帝鸣安乐
捧献盛情日麦酒　　　　玉帝为君享太平
美酒代表我心意　　　　祈祷天地诸神位
歌声抒发诚挚情　　　　醇香美酒敬神祖
河水奔流呼欢歌　　　　羌祖造酒先造粮
羊角花艳在微笑　　　　万石杂粮酿制酒
群山点头祝福你　　　　头杯酒来泼上天
吉祥红衣在飘荡　　　　醉饮和合二神仙
举杯高歌来畅饮　　　　二杯酒来泼地上
日麦②咂酒大家喝　　　醉饮山王土地神

①纳古勒：羌语音译，祝福语，表示吉祥如意。
②日麦：羌语音译，羌人对自己族群的称谓，如日麦、尔玛、冉駹、尔麦、玛、麦都是羌人对自己族群的称谓。

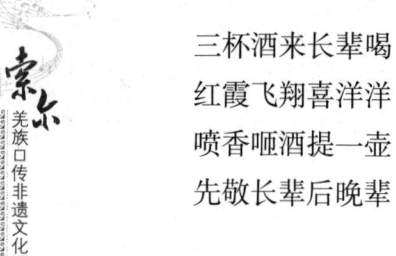

三杯酒来长辈喝　　支宾待客古来兴
红霞飞翔喜洋洋　　席桌欢谈酒领先
喷香咂酒提一壶　　各样好菜摆满桌
先敬长辈后晚辈　　喜庆歌声在嘴边

撒筷子

一把筷子全留家
一把筷子朝后撒
我与娘家断了念
一把筷子朝后撒
自己那双在别家

家中业产家中留
嫁时不带半根筷
今后再吃娘家饭
只有吃饱不吃老
今后再回娘家屋
睡觉也得到客房

日麦嫁女规矩大
嫁衣穿上到男家
亲朋好友来相送
一把火把挡去路
兄弟姊妹来灭火
手拿细竹轻轻拍
不要火星四处溅
今后男家任何事
女方一家都相帮
今后男家有困难
女方一家要救济
今后男家有矛盾

女方一家来化解
是非口角火中灭

男方厨管站路旁
手中一把避煞粮
撒向走近新娘身
左拿母鸡右拿刀
一刀砍断避煞鸡

门外安放封口杯
新娘一脚踩碎它
门后挂起打猎具
新娘进门莫伸手

善卜之人测得准
今天嫁女吉祥日
新娘身穿嫁衣来
新娘头戴盖头来
亲朋好友送进门
骑着白马到男家
男方亲朋迎进门
新人进入了新房
新人踏进了新门
祝愿新人大富贵
祝愿新家万万发

接 亲

释比站在大门口　　　　新人外出脚步稳
祝福新娘嫁进门　　　　新人进门坐得安
昨天还是大姑娘　　　　纳吉纳鲁①进家门
今天变成了新娘　　　　纳禄西禄②进家门
穿上漂亮嫁联衣　　　　吉祥日子算者算
新娘腰身很匀称　　　　黄道吉日是今天
众人夸你美出众　　　　嫁入男家手脚勤
新娘盖起红盖头　　　　起早贪黑没有歇
踏进男家的大门　　　　细心经营操持好
盖头盖不住美丽　　　　家人和睦人丁兴
众人夸你美出众　　　　事事顺心技艺好
新娘穿上嫁联鞋　　　　你若不撒新人喜
踏进男家的大门　　　　不跨脚下高门槛
也藏不住轻盈步　　　　不嫁房内帅新郎

新娘嫁入男方家　　　　男家有老也有小
男方好运会连连　　　　你要敬老要爱幼
男女头上会生辉　　　　刚进男家的新房

---

①纳吉纳鲁：羌语音译，祝福语，表示吉祥如意。
②纳禄西禄：羌语音译，祝福语，表示吉祥如意。

嫁衣鲜艳还未破
柜子不管勺不掌
待人处事要先学

此后一家百事顺
人兴财旺纳古勒
祖坟头上长大树
子孙后代有官做
一代更比一代强
房前屋后
房左房右
堂屋房顶
干净亮堂舔一般
神龛上方望一望
摆放青稞三担三

神龛下方瞧一瞧
摆放麦子三担三
大田大地有九掌
三年九年光景好
地上庄稼收不完
九层廊架①晒不完
上面再来盖三层

两家合成一家亲
雪面盖霜情更浓
冰上起凌亲更亲
郎才女貌龙凤配
天下一对好姻缘
九沟九山人羡慕

---

①廊架：庄稼收割后晾晒秸秆的架子。

抹　油[1]

今天是个吉祥日
一对新人成一家
新人头顶抹把油
要你平安又顺利

今天是个吉祥日
上不看天阴与晴
下不管地平与陡
祝愿世间都安康
大吉之日无祸凶
大吉之日无病痛

吉祥物敬仰新人
灾星者规避新人
永不落地布谷鸟
坚固悬岩永不垮
万寡红岩不褪色

竹子根根串一笼
树木长满一片山
男人后面发男性
女人后面发女性
咂酒杆杆一大捆
分给后代分不够
神树丫枝一大片
插满寨房还不够
祝福新人永恩爱
要从黑头到发白
要从青牙到牙白

今天是个吉祥日
天空可做新郎帽
大地可为新娘凳
中间都为红来挂

家中铁盔戴头顶
头戴铁帽要威武
不怕刀剑靠近身
不怕箭矛朝你飞
头戴铁帽带平安

新人活到108岁

---

[1]抹油：新娘出嫁前，家中长辈要在新娘头上抹油，祝福新娘今后顺顺利利、平平安安。

子孙发到108人
一家发到108家
神杆要分108根

今天抹油非我抹

今天抹油祖宗抹
抹油规矩非我定
抹油规矩从古来

第一章 民俗篇

赞嫁女

新娘今天要出嫁
不赞新娘不得行
不唱新娘不得行
出嫁新娘要赞扬
新娘今天最美丽
新娘眉毛很漂亮
眉毛弯弯像月牙
新娘今天最美丽
眼睛明亮像鹰眼
不赞新娘不得行
耳朵长得肥又嫩
新娘鼻子最美丽
鼻子高高又弯弯
新娘嘴巴最美丽
嘴巴又薄又有形
新娘颈项最美丽
颈项匀称又坚实
就像将军酒壶颈
新娘手指最美丽
手指细腻又细长
我要赞美新娘啊
新娘腰杆最美丽

腰杆就是美女腰
新娘腿杆最美丽
腿杆不长又不粗
新娘脚板最美丽
脚板秀雅又秀气
新娘今天要出嫁
不赞新娘不得行
新娘走到河边去
对岸女子都羡慕
新娘走到村中来
村中女子也羡慕

新娘今天要出嫁
不赞美新娘不行
新娘今天最美丽
为小的我要赞美
用首颂辞赞美她
一首不够唱三首
三首不够来九首
赞美不好没本事
赞美不好无能力
新娘今天要出嫁

第一章 民俗篇

不赞新娘不得行
为大的你赶大礼
拿不拿出你的事
赶不赶到你的事

新娘今天要出嫁

不赞新娘不得行
新娘今天最美丽
干礼你我都要上
五两五钱不为少
三斤五斤不为多
为大的你赶少点

哭 嫁（一）

石榴开花一路香　　女儿不忘父母恩
新娘哭嫁在绣房　　阿爸阿妈莫思念
阿妈请在绣房坐　　明日女儿回娘家
细听女儿论端详　　人间阿泊讷达切①
阿妈教女绣花针　　快来我家登位吧
一绣雪花来盖顶　　红嘴老鸦住破碉
二绣苦竹来盘根　　人间阿泊讷达切
三绣清香木瓜树　　快来我家登位吧
四绣云杉树牵藤　　大雕栖息悬岩上
五绣一株灵芝草　　族堂祖宗来登位
六绣一朵羊角花　　喜鹊架窝树杈头
七绣白花来盘桃　　我要离开这个家
八绣一对鸳鸯鸟　　麻雀居住屋檐下
九绣双凤齐展翅　　遵循古规要远嫁
十绣毯子和枕头　　这些都是野飞禽
又叫女儿绣围腰　　心儿像那背桶水
满襟围腰满襟花　　自会找到如意处
花边裤脚花荷包　　七上八下不停荡
今天女儿要出嫁　　也能自由地生活

①讷达切：羌语音译，译为天神。

不知怎样才安好
我却不如野飞禽
只有磕头来问安
只像雏走鸡一样
天神保佑得平安
离开生地要远嫁
阿爷阿奶快来坐
牛羊舔吻它的孩
阿爸阿妈快来坐
雀鸟吐喂它的娃
阿哥阿嫂快来坐
阿爸阿妈养大我
就要离开这个家
疼了多少爱多少
女儿出嫁自古兴
这些我都不忘掉
今天就要嫁别方
为啥养我又远嫁
就像离窝的小鸟
倒成不结的空花
心儿难受乱蹦撞
不如不养我还好
怎样安慰这颗心
只有临别说心话
家中老少都爱我
难分难舍要诉尽
豆米大时恩来报

如今攒钱办婚事
嫁妆陪物赛别家
我要磕头表谢意
亲朋好友如姊妹
一起织布和挑花
十个指头命相连
永时不分干劲大
火塘周边香火明
而今我要远嫁了
家禽家畜各有位
展开翅膀飞上空
门槛足下狗守地
要进别人圈养着
羊在底圈息反刍
怎能忍心别大家
这些都是牲畜啊
人走心留念父母
它们都有好住处
缰绳套在我脖上
它们住在舒棚窝
不由我来由他人
我却啥都没有了
藕断丝连连成线
把我许配远嫁了
孝敬公婆和丈夫
陌生之地创家业
养儿养女勤持家

哭 嫁（二）

女儿出嫁时辰到
女儿就此要远嫁

以前家中离不得
今天离家舍不得
今天女儿就动身
一尺五我养成人
今天把我送别人

鸡要叫了天要亮
阿爸阿妈嫁我走
阿爸阿妈赶我去
今后爸妈别想我

家里以前我操心
上山砍柴我的事
田地耕田离不得
清早背水我的事
放牛放羊走不开
辛苦养我十八年
十八姑娘正当时
想啥学啥都周全

做啥干啥都完美

天生就是姑娘命
阿爸阿妈要我走
我若是个男儿身
要跟爸妈过一辈

天生就是姑娘命
今天要嫁到别家
我若是个男儿身
不说分我一间房
四边角角占一头

天生就是姑娘命
不说四角占一头
泥巴不分我一把
石头不分我一坨
若我是个小伙子
三亩山地我要分
一亩水田我要分
田地家产没资格

天生就是姑娘命
搓麻麻秆算我的
织布机子算我的
背水水桶算我的
补衣布片算我的

今天我要远嫁了
阿爸阿妈不留我
家中没人要留我
家中没人想念我
只有水桶想留我
水桶没嘴不会说
想留我也没有用

今天我要远嫁了
阿爸阿妈不留我
家中没人要留我
家中没人想念我
织布机子想留我
织布机子没嘴巴
织布机子不说话
想留我也没有用

今天我要远嫁了
阿爸阿妈不留我
家中没人要留我
家中没人想念我
搓麻麻秆想留我
搓麻麻秆没嘴巴
搓麻麻秆不说话
想留我也没有用

今天我要远嫁了
阿爸阿妈不留我
家中没人要留我
家中没人想念我
缝衣针线想留我
缝衣针线没嘴巴
缝衣针线不说话
想留我也没有用

今天我要远嫁了
阿爸阿妈不留我
家中没人要留我
家中没人想念我
撵山狗儿要留我
撵山狗儿不会说
围着我转没有用
摇着尾巴没有用
身旁坐下没有用
合眼流泪没有用

今天我要远嫁了
阿爸阿妈不留我
爸妈嘱托怀头揣
爸妈嘱托心头记
对方公婆会孝敬
对方家事我照做

火塘烧火还是我
火塘种火①还是我
鸡叫起床还是我
最早背水还是我

今晚我们姊妹家
包起眼泪来团聚
屋外天亮就分开

不依不舍要分离
伤伤心心要离别

不知见面是何时
不知何时再团聚
阿爸阿妈不想我
兄弟姊妹莫念我

---

①种火：羌人火塘称为万年火，永不熄灭。夜晚睡前要将火灰盖上燃烧的柴火，为第二天留下火种。

出 嫁（一）

今年年间已过去
旧年过去新年来
旧月过去新月来
猪年过去鼠年来
鼠年这年九月到
日麦释比算准了
九月初九吉祥日
主家办了大喜事

吉祥之日天不难
吉祥之日地不扰
走在悬崖都不怕
蹚过大河都安全
吉祥日子算得准
今天办事很合适

今天新娘要出嫁
新娘是位顾家女

新娘是位旺夫妻
新娘今天要出嫁
祝福新人纳西鲁①
祝福新人万事安
吉祥日子吉祥到

吉祥日子喜事到
祝福主家人丁旺
一人要发九个人
一家要发九家人
祭塔神杆分九支

今天新娘要出嫁
到了婆家起得早
到了婆家睡得晚
早上烧火就是你
晚上种火也是你
要把日子去过好

---

①纳西鲁：羌语音译，和纳古勒、纳禄西禄、纳吉纳禄同意，祝福语，表示吉祥如意。

孝敬公公与婆婆

今天是个吉祥日
不干不净别沾上
天上神灵不干扰
父伯一方不打扰
母舅一方不打岔
一切惧怕都没有
空中老鹰飞走了
不干不净不见了

嫁到男方啥都有
今后土地在男方
今后家屋在男方
今后家产在男方
今后父母在男方
老舅新舅男方有
兄弟姊妹男方有
亲戚朋友男方有

去了婆家要勤劳
操持家务要靠你

到了婆家起得早
到了婆家睡得晚
早上烧火就是你
晚上炆火也是你
要把家务操持好
夫妻双方要相待
夫妻双方要恩爱
夫妻双方要相敬

今后心想会事成
怎么算就怎么准
怎么想就怎么成
怎么做就怎么好
夫妻恩爱到白头
夫妻阳寿像山脉
一山望着一山高
一山高过一山头

新娘嫁时不回头
要把筷子往后撒
新娘起身出嫁了

出　嫁（二）

岳麦①哟女儿啊
上了古式大酒坛
主家放到火塘边
邀请全寨年长者
主家母舅和长辈
弟兄姊妹全都齐
主家女儿要出嫁
邀请我来吃喜酒
借了今年好机会
借了本月好日子
借了今天吉祥日
我们一起来祝福

岳麦哟女儿啊
你还记得小时候
你吃阿妈两只奶
阿妈养你多辛苦
你要记住要报恩
你家阿爸和阿妈

大苦大累一辈子
一升一石挣回来
把你供养成人了
你需记住要报恩

岳麦哟女儿啊
你家阿爸和阿妈
上山挖药又弄草
家中省吃又俭用
省下给你办嫁妆
扶你成家又立业
女儿你要记心里

岳麦哟女儿啊
假如你是男儿身
田地房屋你继承
留你在家喂猪牛
可惜你是女儿身
男家大酒已吃过

---

①岳麦：羌语音译，译为女儿。

房族长辈也答应
说的话儿像座山

岳麦哟女儿啊
到了人家地头去
要有说来要有笑
要学阿妈好品行
要同麻雀合得拢
要同老鸦合得拢
要学阿爸好性格
又跳跳来又唱唱

全寨老少都夸你

岳麦哟女儿啊
今天喜事要喜心
你的手脚要有力
你要记住起身时
祖祖辈辈的古规
手中拿起八双筷
不朝后看反手甩
甩得劲大家平安
留给娘屋万事好

娶　媳

今年年间已过去
旧年过去新年来
旧月过去新月来
猪年过去鼠年来
鼠年这年九月到
日麦释比算准了
九月初九吉祥日
主家要办大喜事
新郎今天娶媳妇
新娘今天要过门

吉祥日子喜事到
新郎今天娶媳妇
新娘今天过门了
祝福主家人丁兴
一人要发九个人
一家要发九家人
祭塔神杆分九支

今后土地在这里
今后家屋在这里
今后家产在这里

今后父母在这里
老舅新舅男方有
兄弟姊妹男方有
亲戚朋友男方有

支人待客人到了
起得早的人到了
睡得晚的人到了
早上烧火人到了
晚上种火人到了
孝敬公婆人到了
上山揽叶人到了

今天是个吉祥日
不干不净别沾上
天上神灵不干扰
父舅一方不打扰
母舅一方不打岔
一切惧怕都没有
空中老鹰飞去了
不干不净不见了

新娘来了人手足
新娘到了人气旺
家产家业搞得顺
与人为善也和气
家门房族又团结
一村一寨都相安
平安吉祥过一生

主家一家人丁兴
神龛①一方男性多
父兄子弟十二人
进门一头女性多
母女孙女十三人

主家一家喜事多
神龛一方泡咂酒
一年泡了又一年
要泡三三见九年
进门一头烧饭菜
一年做了又一年
要做三三见九年

今后心想事要成
怎么算就怎么准
怎么想就怎么成
怎么做就怎么好
夫妻恩爱到白头
夫妻阳寿像山脉
要像山脉不见尾

新娘一脚踹圆根
新娘一脚奓②（qiá）进门
大吉大利万事安

①神龛：安置神灵、祖先牌位的地方。
②奓：四川方言，跨。

拜　堂（一）

日吉时良
天地开张
新人到此
万事吉昌
迎接新人下轿来
天刹退
地刹退
年刹退
月刹退
日刹退
时刹退
新人刹退
一张桌子四角方
张郎杉木鲁班镶
四方镶起云牙板
中间焚起一炉香
道香得香
灵宝会香
香照三界
遍满十方
女家香火请回转
男家香火出来迎

两树春钱白如银
将来回送车马神
车马童子饮酒去
车得郎君领钱文
具有钱财凭火化
上上大吉

东方一朵祥云起
西方一朵紫云开
两朵祥云共结彩
一步一莲花
二步二莲花
三步莲花朵朵开
迎接新人上堂来
内堂铺毡满地红
一对童儿立当中
公平举世公平就
逃之夭夭进香堂
栀子玉归配凤凰
石榴配合金狮子
全才姑娘配新郎
应请新人出堂来

乾站左来坤站右
乾坤序列
先拜天地
一拜天地盖在恩
二拜热烈照红恩
三拜国王水土恩
四拜父母养育恩
司礼已毕
夫妻交拜
夫妻同杯饮酒
举手揭盖
红绫本是苏州纱

美女将来头上搭
新郎举手来揭下
现出芙蓉一枝花
龙凤双烛照华堂
男才女貌配鸳鸯
男入书房看文章
女入洞房绣鸳鸯
夫妻双双百年寿
天长地久
地久天长
富贵双全
儿孙满堂

拜　堂（二）

男左女右排成双　　　九年九载有喜事
红爷大人来祝词　　　家中好事来不尽
会算之人认真算　　　一对新人一条心
今天又是吉祥日　　　两片麻皮一根线
大酒大肉摆出来　　　家中和睦万事兴
天上神灵惊动了　　　东方一朵紫云来
白天太阳和云雾　　　西方一朵紫云开
夜晚月亮和星星　　　两朵紫云来相会
地下山川与河流　　　一对新人站堂前
林中飞禽和走兽　　　最好酒肉敬神灵
万物皆知有喜事　　　神灵不吃不敢吃
一对新人拜华堂　　　神灵不喝不敢喝
家中喜事来不断　　　神灵不尝不敢尝
一天一月有喜事　　　敬了神灵新人尝
一月一年有喜事　　　自此双方到白头

成 亲

今天歌颂几句辞
歌颂什么内容啊
今天新人完婚日
结婚要按规矩办
治了世间的男人
治了世间的女人
男当婚来女当嫁
男人定规女守矩
规矩也是祖宗定

世间万物都有循
牦牛獐子要吃素
老虎豺豹要开荤
岩羊专走悬崖间
绵羊专找平路过
规矩也是天注定

盘古王开天辟地

许日麦吉①种五谷
七类九品他制定
轩辕皇帝冶铱金
用的穿的他制定
金钱智慧都要有
子苏日麦吉②定了
嫁女的规矩
子赫日麦吉③定了
娶女的规矩
生了女孩有嫁规
生了男孩有娶规

王姓李姓做了亲
两家结了好姻缘
抱团大树好遮阴
大福之人能待人
肚量大者能成事

---

①许日麦吉：羌语音译，传说中化身为神龙的羌人祖先。
②子苏日麦吉：羌语音译，传说中制定嫁女规矩的羌人祖先。
③子赫日麦吉：羌语音译，传说中制定娶媳规矩的羌人祖先。

新人洁净

天地开张
新人到此万事昌
钱财一分白如银
将来送回车马神
娘家车马请回去
婆家车马出来迎
至今回送车马神
天地长久万万春
所有钱财用火化
常常大吉福相依
马头三尺挂红来
炮响三声尽人知
人人说我神仙过
财门家下去兴会
愿王一个车
绿衣四个车
车轮车担阻
马来御金鞍
一张桌子四个方
张南采木鲁班装
四方雕起云牙板

中央横起一炉香
柏香稻香宝茴香
先招之界马四方
借动主家一杆秤
不乞金来不乞银
确当酬谢一块肉
巧手匠人打坐瓶
瓶内装的是何物
杜康造酒酒一瓶
在娘家千年富贵
在婆家万代兴隆
天煞回天界
地煞日有灵
年煞月煞归地府
日煞时煞起无云
天无忌地无忌
年无忌月无忌
日无忌时无忌
天神在此诸神避
大吉大利

结 婚

今天是个吉祥日
众亲都到主家来
恭贺主家办喜事
我们颂扬主人家
要为儿女办喜事
昨夜留住远方客
留下亲客家里歇
亲戚朋友送吉祥
亲戚朋友送如意
亲戚朋友带吉祥
亲戚朋友送祝福
主家心里有话说
想请客人说几句
祝福几句吉祥话

主家已把话挑明
不说几句是我过
说得不好是我过
主家不会不原谅
今天日子真正好
一年之中吉祥日
我们歌颂主人家

今天主家办喜事
要给儿女办喜事
办法多来办法好
万事吉祥又如意

主家要我说几句
出好主意好办法
要颂祝福吉祥话
我们没有好主意
心中没有好主意
我们没有好办法
心中没有好办法
吉祥话儿说不好
祝福话儿说不全

人家屋头办喜事
主家说了大好话
出过许多好主意
想过许多好办法
说过许多吉祥话
说过许多祝福话

主家寨子长者中
主家家门房族中
主家隔壁邻舍中
许许多多智慧人
今天是个吉祥日
主家办了大喜事
他们会帮主家忙
会给主家出主意
许许多多好主意
会给主家好办法
许许多多好办法
带给主家吉祥颂
带给主家如意颂

我们歌颂主人家
主人在办大喜事
正为儿女办喜事
亲戚朋友请主家
要向寨中老者们
要向家门房族们
要向隔壁邻舍们
求得主意好办法
求得祝福吉祥话
求得祝福如意话

主家寨中长者们
主家家门房族们
主家隔壁邻舍们
说了很多的好话
出了很多好主意

祝福吉祥话儿多
天上星星一样多
祝福如意话儿多
山上花儿一样多

今天是个吉祥日
主家今天办喜事
请是远方众亲客
敬是远方众亲客
看要看你众亲客
爱是爱你众亲客

今天这个吉祥日
要向你们众亲客
要出主意好办法
要求祝福吉祥话
要求祝福如意话

众亲客远道而来
坐凳不好要修好
垫得不抻要理抻
呾酒杆杆不通畅
要给众亲打通畅
主家今天很亲热
主家今天很客气
定把你们照顾好
还请远方众亲客
要说几句祝福话
要说几句吉祥话

今天是个吉祥日
远方亲友客人们
寨中长者智者们
寨中家门房族们
寨中隔壁邻舍们
不再分你好我好
不再分你高我高
不再你推我推了

大家有劲一处使
大家一起来恭贺
要给主家出主意
要给主家想办法
说祝福吉祥的话
说祝福如意的话

我们大家一起来
寨中长者各房族
隔壁邻舍众亲朋
我们大家一起唱
齐唱祖宗古规矩

今天是个吉祥日
主家家里办喜事
早已请来了释比
房背上的白石前
碉楼旁和火塘边
请了天神请宅神
还愿过了又许愿

今天是个吉祥日
上上下下已打整
插杉木丫的地方
换上新的杉木丫
插白旗旗的地方
又换新的白旗杆
旧的拿开换新的
新的已经换完了

古老神山雪隆包
长出小的雪隆包
小的雪隆包上面
长出白色新树苗
白色树苗长白叶
落下白色的树叶
树叶落在细草上
细草生了星星窝
一个窝窝白如银
一个窝窝黄如金
银白色的银窝窝
生了三个银白星
黄金色的金窝窝
生了三个金色星
白星白得像银子
黄星黄得像金子

新出生的小星星
头上空空没戴的
新出生的小星星
身上光光没穿的

主家你有好办法
主家你有好主意
如果你有好办法
如果你有好主意
吉祥如意会降临

今天是个吉祥日
我们歌颂主人家
今天主家办喜事
星星窝窝生银星
星星窝窝生金星
新生银星和金星
头上空空没戴的
身上光光没穿的
主家会给星星戴
头戴不烂新帽子
身穿不烂新衣裳
腰拴不烂新腰带
碗放吃不完供品
杯盛喝不完清泉
等着吉祥的星星
给主家带来吉祥
给主家带来如意

星星窝窝生银星
星星窝窝生金星
新生银星和金星
头戴不烂新帽子
身穿不烂新衣裳
腰拴不烂新腰带

碗盛吃不完供品
杯斟喝不完清泉
该有的主家供了
新星不飞也要飞
新星飞来又飞去
新星要朝哪里飞
新星最好朝天飞

新星飞到了天上
天上早有千万星
早有万千只金鸟
金鸟星星在一起
主家究竟爱哪种
主家究竟要哪种
主家等的是哪种

今天是个吉祥日
今天主家办喜事
主家盼是吉祥星
主家盼是如意星
新星不飞已飞了
新星已飞到天上

天上布满千万星
飞来千万只金鸟
金鸟星星在一起
问我究竟爱哪种
问我究竟要哪种
问我等的是哪种

主家丧葬阿巴①时
爱那天上的金鸟
要那天上的金鸟
今天是个吉祥日
要给儿女办喜事
盼的天上吉祥星
爱的天上吉祥星
等的天上吉祥星

星星窝窝生银星
星星窝窝生金星
新生银星和金星
就是天上吉祥星
吉祥新星飞出来
从那天上飞出来
扯火闪这方飞来
这方火闪闪起来
吉祥新星害怕了
吉祥新星下不来

主家你有啥办法
主家你有啥主意
让那新星降下来
平平安安降下来
安安心心降下来
只要新星降下来
就会给你带吉祥

就会给你带如意

吉祥新星飞出来
从那天上飞出来
新星朝我家飞了
飞到扯火闪地方
火闪扯了吓新星
吉祥新星害怕了
吉祥新星下不来

主家请一对小龙
这对小龙扯的扯
这对小龙拉的拉
把那火闪拉走了
把那火闪扯走了
吉祥新星好飞了
平平安安地飞了
安安心心地飞了
新星好降到我家
我家等着吉祥星
我家等着如意星

主家出的主意好
主家想的办法多
主家请一对小龙
把火闪拉扯走了
主家盼的吉祥星

---

①阿巴：羌语音译，对爷爷及以上祖辈的称谓。

扯火闪地飞出来
吉祥新星飞下来
飞到神山雪隆包
雪隆包上被雪封
冰雪厚厚堆起来
吉祥新星害怕了
吉祥新星不敢来

主家你有啥办法
主家你有啥主意
让那新星降下来
平平安安降下来
安安心心降下来
只要新星降下来
就会给你带吉祥
就会给你带如意

吉祥新星飞出来
从那天上飞出来
新星朝我家飞了
新星飞到雪隆包
雪隆包上被雪封
冰雪厚厚堆起来
吉祥的星害怕了
吉祥新星不下来

恭请喜神三儿子

恭请迪白①三儿子
木头掀掀去掀雪
木头刮刮去刮雪
封山白雪全掀开
封山白雪全刮开

吉祥新星好飞了
平平安安地飞了
安安心心地飞了
新星好降到我家
我家等着吉祥星
我家等着如意星

主家出的主意好
主家想的办法多
请了喜神三儿子
请了迪白三儿子
木头掀掀去掀雪
木头刮刮去刮雪
封山白雪全掀开
封山白雪全刮开

吉祥新星飞出来
雪隆包上飞出来
新星飞来又飞去
飞到杉木林里去

---

①迪白：羌语音译，译为喜神。

杉木丫丫把它挡
杉木林林把它围
吉祥新星没路找
吉祥新星害怕了
吉祥新星飞不出

主家你有啥办法
主家你有啥主意
让那新星降下来
平平安安降下来
安安心心降下来
只要新星降下来
就会给你带吉祥
就会给你带如意

吉祥新星降下来
吉祥新星朝家飞
飞到杉木林里了
杉木丫丫把它挡
杉木林林把它围
吉祥新星害怕了
吉祥新星飞不出

恭请喜神三儿子
恭请迪白三儿子
拿上斧头和弯刀
杉木林中砍条路

吉祥新星好飞了
平平安安地飞了

安安心心地飞了
新星好降到我家
我家等着吉祥星
我家等着如意星

主家出的主意好
主家想的办法多
请了喜神三儿子
请了迪白三儿子
拿上斧头和弯刀
杉木林中砍条路
吉祥新星飞出来
杉木林里飞出来
吉祥新星飞来去
飞到了悬岩子上

吉祥新星被挡了
高高飞水岩挡住
飞水岩上没有路
吉祥新星害怕了
吉祥新星不下来

主家你有啥办法
主家你有啥主意
让那新星降下来
平平安安降下来
安安心心降下来
只要新星降下来
就会给你带吉祥
就会给你带如意

就会给你带如意

吉祥新星降下来
吉祥新星朝家飞
飞到了悬岩子上
吉祥新星被挡了
高高飞水岩挡住
飞水岩上没有路
吉祥新星害怕了
吉祥新星不下来

主家想到好办法
恭请喜神三儿子
恭请迪白三儿子
砍了最好的竹子
拧成最牢的竹索
牢实竹索牵索桥
飞水岩上牵索桥

牢实索桥牵起了
牢固天桥牵起了
吉祥的星好飞了
吉祥新星好飞了
平平安安地飞了
安安心心地飞了
新星好降到我家

我家等着吉祥星
我家等着如意星

主家出的主意好
主家想的办法多
请了喜神三儿子
请了迪白三儿子
飞水岩上牵索桥
飞水岩上牵天桥
主家盼望吉祥星
飞水岩上飞过来
飞在长长的路上
飞到歇气坪①上来
歇气坪上大石包
吉祥新星被挡住
吉祥新星绕不过
吉祥新星过不来

主家你有啥办法
主家你有啥主意
让那新星降下来
平平安安降下来
安安心心降下来
只要新星降下来
就会给你带吉祥
就会给你带如意

---

①歇气坪：羌语音译，译为歇脚的地方。

就会给你带如意

吉祥新星降下来
吉祥新星朝家飞
飞到长长的路上
飞在长长的路上
飞到歇气坪上来
歇气坪上大石包
吉祥新星被挡住
吉祥新星绕不过
吉祥新星过不来

主家想到好办法
恭请喜神三儿子
恭请迪白三儿子
手中拿了根杠子
一撬撬动大石包

撬开挡路大石包
吉祥新星好飞了
平平安安地飞了
安安心心地飞了
新星好降到我家
我家等着吉祥星
我家等着如意星

主家出的主意好
主家想的办法多
请了喜神三儿子
请了迪白三儿子

撬开挡路大石包
主家盼的吉祥星
长长路上飞过来
飞到主家大门口
主家门口碰见了
头戴铁盔的门神
身披铁甲的门神
主家门口碰见了
头长有一长长角
口里一对长长牙
吉祥新星害怕了
不敢飞进主家门
不敢飞进主家屋

主家你有啥办法
主家你有啥主意
让那新星降下来
平平安安降下来
安安心心降下来
只要新星降下来
就会给你带吉祥
就会给你带如意
就会给你带如意

吉祥新星降下来
吉祥新星朝家飞

飞到我家大门口
门口碰见石雕像
一个头戴铁盔帽

第一章 民俗篇

一个身披铁甲衣
门口碰见石雕像
头上长有长长角
口里有对长长牙
吉祥新星吓住了
吉祥的星害怕了
新星不敢飞进来
新星不敢飞进屋

主家告诉吉祥星
会向吉祥星说明
石头雕像不挡你
只挡邪恶进门口
只挡灾祸进屋来
不会阻挡吉祥星
你是吉祥的新星
主家恭请的新星
主家盼来的新星
主家大门永远开
主家大门欢迎你
自由自在进门口
高高兴兴飞进屋
主家跪在大门口
等你吉祥的新星
等你带来的吉祥
等你带来的如意

主家出的主意好
主家想的办法多
主家门口石雕像

石头雕像不挡你
只挡邪恶进门口
只挡灾祸进屋来
不会阻挡吉祥星
你是吉祥的新星
主家恭请的新星
主家盼来的新星
主家大门永远开
主家大门欢迎你
自由自在进门口
高高兴兴飞进屋

吉祥新星进堂屋
看看主家神台上
是否已点燃柏枝
看看主家神台上
是否已点燃香蜡
再看地下凶恶狗
是否拴得很牢靠
又看娘娘神面前
杉木丫丫插上没

吉祥新星还在想
该不该在你家降
主家你有啥办法
主家你有啥主意
吉祥新星降你家
平平安安降你家
安安心心降你家
只要新星降你家

就会给你带吉祥
就会给你带如意

吉祥新星进堂屋
看看主家神台上
是否已点燃柏枝
看看主家神台上
是否已点燃香蜡
又看娘娘神面前
杉木丫丫插上没
再看地下凶恶狗
是否拴得很牢靠

主家堂屋早备好
神台之上柏枝燃
神台之上香蜡烧
娘娘神前杉木插
地下恶狗已拴好
吉祥新星可安心
你的住处早理顺
你的住处准备好

吉祥新星可降临
高高兴兴地降临
吉祥新星要住下
高高兴兴地住下
主家跪在堂屋前
等你吉祥的新星
等你带来的吉祥

等你带来的如意

主家出的主意好
主家想的办法多
主人家的神台上
神台之上柏枝燃
神台之上香蜡烧
娘娘神前杉木插
地下恶狗已拴好
吉祥新星可安心
你的住处早理顺
你的住处准备好
新星飞到杉木丫
新星坐在杉木丫
吉祥新星发现了
头戴的帽子烂了
身穿的衣裳烂了
碗里的供品没了
杯中的清泉没了
吉祥新星心着急
吉祥新星心不安

主家你有啥主意
主家你有啥办法
就让吉祥的新星
安安心心坐下来
就让吉祥的新星
安安心心住下来
只要新星安心了

只要新星满意了
会给你带来吉祥
会给你带来如意

新星飞到杉木丫
新星坐在杉木丫
吉祥新星发现了
头戴的帽子烂了
身穿的衣裳烂了
碗里的供品没了
杯中的清泉没了
吉祥新星心着急
吉祥新星心不安

主家主意又来了
头换不烂新帽子
身换不烂新衣裳
碗供吃不完供品
杯奉喝不完清泉
吉祥新星戴上了
吉祥新星穿上了
吉祥新星吃上了
吉祥新星喝上了
主家跪在神台下

等着新星赐吉祥
等着新星赐如意

主家出的主意好
主家想的办法多
吉祥新星高兴了
头换不烂新帽子
身换不烂新衣裳
碗供吃不完供品
杯奉喝不完清泉
吉祥新星好住了
吉祥新星安心了
给主家带了吉祥
给主家带了如意

主家一家幸福到
幸福门儿大大开
养好儿来育好女
主家兴旺又发达
就像七品香一样
一蓬一蓬接一蓬
越发越多越繁茂
主家一家千代传
主家一家万代安

知　客

今天主家办喜事　　　　　　招呼不到请原谅
代表主家说两句
尊贵客人已到齐　　　　　　阿巴布莫①开天地
新老亲戚已到齐　　　　　　阿都布玛②治人烟
邻村近宅已到齐　　　　　　神龙皇帝治五谷
主家家门也到齐　　　　　　有了天后才有地
　　　　　　　　　　　　　治了人后定了规
不说几句不得行　　　　　　男儿成人要娶媳
招呼几声不得行　　　　　　女儿长大要嫁人
日麦自古有规矩　　　　　　羌王说了定规矩
日麦自古这样做　　　　　　百姓听了守规矩
子孙一直习古规
子孙不做半点假　　　　　　旧年过去新年来
　　　　　　　　　　　　　旧月过去新月来
不说几句不得行　　　　　　猪年过去鼠年来
招呼几声不得行　　　　　　鼠年这年九月到
轻重场合没说过　　　　　　羌家智者算准了
大小场面没说过　　　　　　九月初三吉祥日
说话不周请原谅　　　　　　主家定在吉祥日

---

①阿巴布莫：羌语音译，是羌人祖先，传说中由阿巴布莫开辟了天地。
②阿都布玛：羌语音译，是羌人祖先，传说中由阿都布玛繁衍了人类。

主家今天办喜事

吉日天上不为难
吉日地下无干扰
走在悬崖都不怕
蹚过大河都安全

吉日主家办喜事
日子好呀日子顺
先有眉毛后胡子
先有红爷后亲家
红爷牵线有功劳
女方不愿走三回
女方愿意走三趟
三番五次进女家
爬坡上坎出力气
背东拿西送人情
天晴下雨没有闲
起早贪黑没有忘
双手搭成铁板桥
主人家感恩在前
主人家谢恩在后

某府正亲
陪联嫁女
嫁女我家
费力最多
精力用尽
功劳最大
主家对你最尊敬
主家村寨人手少

十里迎风做到了
五里挂彩做到了
我们成为了一家
做得不周请原谅

羌家智者算准了
九月初三吉祥日
旧亲像麻线未断
近亲羊毛线又接
新亲又像丝绸连
旧亲未了新亲续

羌家智者算准了
九月初三吉祥日
主家一人发九人
主家一家发九家
主家一家喜事多
主家一家去祭塔
神杆一年当九年
主家一家泡咂酒
一年泡了有一年
要泡三三见九年

主家村寨人手少
总管支客
酒馆厨管
棚场管责
或上或下
或左或右

安席不正

第一章 民俗篇

座位不公
坐凳不齐
酒质不好
菜品不高
火功不到
盐味不正
各家正亲
敬请原谅

男有舅家
女有娘家
娘亲有舅
爷亲有叔
老者少者
挂红簪花
火炮对联
大小彩礼
不拘形式

功劳苦劳
主家心记
大小恩惠
主家不忘
记在心头不会忘
揣在怀里不会落
冬天喝水凉心头
一点一滴记心头
姑爷姑娘
姨爹姨娘
门男姐丈

客商买卖
三朋四友
五朋四海
主家喜事
收了大礼
眼里看见
心里不忘

主家家业小
主家财产少
席上无好菜
桌中无好酒
让众亲荒坐
款饮几小杯
望众亲见谅

所有恩惠
记在心头不会忘
揣在怀里不会落
冬天喝水凉心头
一点一滴记心头
所有恩情
来日再报

羌家释比算准了
九月初三吉祥日
主家今日办喜事
就让桌旁小伙们
就让席间女孩们
唱起吉祥古歌谣

祝福新人永和美
祝福主家人
祝福天下人

天长地久
永结同心

挂　红（一）

今天是个吉祥日
一对新人成了亲
一对新人拜了堂
从此要过幸福日

今天对着神龛来
这对新人已拜堂
明天牵手忙家务
今后孝顺家中老
日后要爱子与孙

火塘边坐像团火
火炭火苗一条心
家中老少要和睦
寨中家族亲如兄
出门邻里要相帮

要对舅舅亲戚好
他们到了要来接
他们去时要欢送
天晴口渴要递水
天气不好要留宿

恭恭敬敬对母舅
客客气气对亲戚

今天是个吉祥日
上不看天阴与晴
下不管地平与陡
愿望世间得安康
大吉之日无祸凶
大吉之日无病痛

永不落地布谷鸟
坚固悬岩永不垮

酒杆根根串一笼
树木长满一片山
男人后面发男性
女人后面发女性
咂酒杆杆一大捆
分给后代不够分
神树丫枝一大片
插满寨房还不够

子孙后代万万发
走时排成一条线
坐时垒成一座山
欢时锅庄围九圈
闲时占满歇气坪
忙时三天能做完

这对新人万年长
寿命高如一座山

福泽深如一片海
夫妻恩爱成双对
活到白发又转黑
夫妻健壮无病痛
老牙要像新牙硬
女人要活千千年
男人要活万万年
子孙后代千万年

挂 红（二）

祭神像挂红

宇宙分为天地间
有天神才有人间
天神高位明天下
凡间举动告分明
做人德善必遵循
菩萨保佑得安康
孝老得寿非触犯
免灾免难美春光
古焚香蜡祭天地
代代永恒继传承

修房安门挂红

今朝安门事吉昌
天开黄道日大开
安龙门来鲁班令
东南西北皆分明
安门要安福德门
安门要安平安门
安门要安财源门
安门要安发旺门
左手开门开金锁
右手开门开玉门
若有双手来开门
斗大黄金滚进来
文武二王有威名
只准人客来行往
不准邪魔入家庭
某氏门中大吉昌

上中梁挂红

修身造屋左来兴
人间金存不可少
鲁班仙师造金屋
世代传承永祭拜
释比择吉免遭难
地门龙神赐宅基
匠人技艺筑高楼
堂屋梁神镇四方
平平稳稳免灾难
全家和顺多吉祥

贺新郎挂红

一根红儿九尺长
今朝拿来贺新郎
新郎本是天生子
婚庆吉日受祥语
一对金花喜洋洋
今日拿来贺新郎
左插一只生贵子
右插一只状元郎
佳偶本是自天成
恩恩爱爱共白头
恭喜恭喜再恭喜
纳吉纳禄福无边

科举成名挂红

人生启蒙必珍惜
熟读诗经千般难
师教几遍定记牢
学有成来步步登
尊师教长古来兴
家风家规幼树起
勤学苦读垫基石
品学兼优靠奋进
少壮立足要努力
老大不得会虚度
金榜题名身价高
同窗共友冲在前
族堂至亲齐庆祝
肩挎红绸胸戴花
万人至上你争得
前程道路步辉煌

远征英雄挂红

精忠报国夫有责
好个男儿勇参战
国泰民安创辉煌
天下庶民乐无边
军队前线勇杀敌
救灾救难处处显
保家卫国创平安
人们安居享太平
选征入伍多自豪
一经选上光荣榜
村落老少齐欢送
挂红戴花多威武
苦练杀敌是本领
军功赫赫得应争
没有辜负党希望
勋章胸前闪发光

兄嫂祝福

建成一个幸福来
起早睡晚创家业
穷困潦倒须避免
要像蜘蛛把网结
须要和睦莫偷懒
要像蜜蜂将蜜酿
建成一个幸福来

逢年过节有接送
哥嫂别前把话讲
妹妹今天到婆家
尊老爱幼咱家风
我家对你有教育
待人谦和莫争吵
逢年过节有接送

千万别丢娘家脸
即使偷偷回娘家
千万别丢娘家脸
养儿育女理好家
望你记住我的话
倘若妹妹不听话

也要赶你回婆家

欢喜接待众宾客
某氏请齐众房族
欢喜接待众宾客
某氏门上喜盈盈
某氏高兴结姻亲
除去两家根底好
人好才算美姻亲

赢得好评远播名
金凤新娘到贵家
成家乐业到婆家
邻里相处皆和睦
待好姊妹乐无边
高抬贵手事事忍
赢得好评远播名

人兴财发子孙旺
有钱姊妹要分财
无钱姊妹哭一台
有钱弟兄分田地

无钱弟兄分账务
姊妹团圆要做鞋
弟兄团圆开坛酒
人家姊妹要团圆
我家姊妹要分路
今晚唱的团圆歌

明早要唱分路歌
妹啊妹啊你不走
拜天地会赐好运
拜祖宗会得荣耀
人兴财发子孙旺

长辈祝福

释比请神还愿品
高山庙门正南开
神正不怕香炉歪
寨众盛装赶庙会
释比请神交愿品
点燃香蜡祭天神
保佑日麦无灾难
唱歌欢快伴舞蹈
全寨老幼祥平安
再来一杯才诚心
远方亲客难到此
待客劝酒自古兴
只有节庆才相会
请你莫忙不要走
须把这杯酒喝完
再来一杯才诚心
过年之月日敬神
左手插香排对排
神龛右旁立宗牌
过年之月日敬神
保佑全家大发财
但给家中丢想头

太阳出来照高楼
新娘绣楼梳妆头
一梳梳个牡丹髻
二梳梳个扎花菱
三梳梳得真是好
梳个琉球滚下来
闸断溪边水倒流
你要流来流起走
但给家中丢想头
弟兄姊妹永记情

买田买地勤致富
今日非同寻常日
特此敬拜诸神灵
主家姑娘出嫁了
从此成了他家人
吉祥如意万事顺
买田买地勤致富

快快乐乐度一生
舅舅敦敦地教唱
问声侄儿和侄媳

从前收圆皆要羊
如今究竟要什么
舅舅主意不会误
要羊还是要星星
要羊情谊不宽广
奉劝你们要星星
星星闪耀之吉兆
快快乐乐度一生

只有勤劳才能富
堂宗份上露点言
传宗接代理应当
希望节俭来持家
莫学獐鹿四处望
如像獐鹿你要穷
只有勤劳才能富

创业致富把家兴
没有什么赠你们
只有一言当礼送
几句俗话表我心
既要勤劳忙生产
营巢觅食埋头干
创业致富把家兴

家务家产有指望
孃孃诚意送支歌
你俩成家已立业
可以出点好主意
二人齐心合力干

吃苦耐劳数第一
家务家产有指望

支宾待客须周全
父母有责赠分明
乖儿囡女请听到
父母惦记话记住
今天你俩已安家
不比过去靠爹娘
支宾待客须周全

吉祥如意万事兴
邀请门亲办喜事
添人进口颇吉祥
诚意敬请诸神灵
保佑他们有吃穿
家道兴隆人丁旺
吉祥如意万事兴

幸福美满寿如山
愿神保佑你们哟
清静平安无灾难
吉祥如意万事兴
让你俩世光闪耀
越过古稀共白头
幸福美满寿如山

百家发到数千家
但愿你俩远出名
像太阳一样通红

似月亮那样明亮
如星星一样耀眼
儿孙满堂个个贤
一家发到五十家
五十发到一百家
百家发到数千家

终身幸福才算好
父母养育你一身
长大成人离娘家
多多回思父母恩
恭喜侄女喜发财
齐心协力操持家
终身幸福才算好

祝愿神灵保佑她
到了别地人家户
邻里相处得好评
成家立业务生产
祝愿神灵保佑她

难分难舍泪长流
天上乌云黑下来
地上灯盏对灯台
水打杨柳浮漂漂
七上八下难稳心
姊妹骨肉难分离
难分难舍泪长流

龙凤佳偶共白头
春风春雨闹春潮
明媚阳光更灿烂
时逢佳辰齐祝贺
龙凤佳偶共白头

子孙发旺无穷尽
神龛位上插香烛
供奉诸神赐吉祥
一辈人发成九辈
子孙发旺无穷尽

舅舅祝福

外甥今日要远嫁
会算之人算得准
今日今时正吉祥
男女命相很相配

嫁衣穿上进新家
盖头戴上入新房
嫁鞋穿上跨新门
今天你进男家门
当舅出来说两句
就说做人和做事
嫁入男家你得行
团结一家要尽早
山上能揽好叶子
入门能做一手菜
男家长辈你孝敬
男家侄孙你善待

嫁入男家人丁旺
左边一对壮男儿
右边一对乖女娃
儿女满堂教育好
女儿主要母来教

儿子要靠父来教
长大要学别人好
长大儿女要成器
儿女子孙有智才
进了男方这一家
堂屋灶圈要变明
山竹火把一样亮

人类发展靠婚姻
一家灾祸口中出
嫁入男家你要记
不搬是非只说好
不分你我要团结
不争吵闹得和睦
火钳火铲不乱扔
口水不吐火塘边
穿衣周正不邋遢
头帕戴好不斜挂
做事干练不拖沓
才跨男家的大门
刚端男家的碗筷
身穿嫁衣还崭新
还是男家的新人

不要谈天又说地

女进男家要带福
男家堂屋变亮堂
男人家产会富有

母舅之言须静听
是非长短要分明
猪年过去鼠年来
年间更替无限期
不管三年与九年
手中粮食要端平
背上水桶不减半
手中活儿忙不断
不用愁吃不愁穿

一天之中起得早
一天之后睡得迟
家中生火就是你
起早背水就是你
山上砍柴就是你
回家煮饭就是你
夜晚种火就是你
手中活儿干得巧
补巴变成时髦货
做事干活立标杆
家中贤惠寨中夸
寨中出众九寨学
一沟传到九条沟
名气一代传九代

夫妻和睦要恩爱

不说你短我的长
不讲你好我的撇
要学火塘上的火
火苗越烧越旺盛
要学蒸笼上的气
蒸气越蒸越浓密

糊涂生活糊涂过
普天之人要说你
普天之人要笑你
说你衣服穿不正
说你头发梳不齐
笑你鼻涕擦不净
笑你口水满天飞

嫁入男家之日前
家中规矩未学成
是非对错辨不明
嫁入男家之日起
要学人家绣鞋袜
要学人家做家务
要学人家做外活
嫁入男家之日后
敬天敬地敬自然
敬山敬树敬神庙
七颗青稞撒水井
七颗全要沉入底
新娘嫁入此家中
全心全意操持家
一心一意带老小
固定一家过一辈

谢红爷（一）

好言好语说几句
红爷大人辛苦了
说亲好比爬荒山
多亏红爷巧周旋
谈起话来费精神
拨弄琴弦费指甲
焦脆心思想办法
往返说合踏出路
好言好语说几句

主家在此唱谢语
今日喜事办完毕
火塘周坐至亲们
主家在此唱谢语
这座亲人都辛苦

良缘喜事办成功
全在红爷多操劳
除了古规酬谢外
新郎新娘永记恩

祝愿红爷寿无疆
遥远毫毛礼仪轻
主家本想重谢你
情记心间后补许
粗鞋一双且垫脚
绸缎衣料一丈二
猪头猪肉送红爷
鞠躬酬谢红爷师
祝愿红爷寿无疆

谢红爷（二）

天上无云不下雨
地下无媒不成亲
男女成亲红爷功
天下喜事他牵线
跑了男家跑女家
熬更守夜撮合成
跑上跑下没水喝
忙前忙后休闲少
嘴皮都已说破皮
脚板早已磨起泡
好话一句说三遍
好事一桩举三桩
女家终于松开口
两家终于结成亲
红爷大人功劳大
两座大山连接起
两座大山牵手望
九沟之水聚一江
九匹梁子成一脉
辛苦劳累是红爷
一对新人已成亲

一对新人已拜堂
两旁站满迎接你
桌上摆满九大碗
酒壶填满青稞酒
恭请你坐上把位
古言古语赞颂你
捧得高高感谢你
主家今天琐碎多
主家今天应酬多
无法分身接待你
今天过后报答你
以后加倍感谢你
大事小事帮你做
地头青稞帮你割
山上柴火帮你背

你的恩情有山高
你的功劳有天大
揣在怀里不会掉
记在心里永不忘

谢母舅

天上雷公说最大
地下母舅说最大
母舅专程到主家
恭贺新人做喜酒
一杯薄酒娘舅饮
一筷菜肴请你尝
要想丰厚招待你
想把母舅抬起来
想把母舅捧起来
想给母舅脸贴金
想给母舅撑场面
薄酒不好不上头
菜少不够塞牙缝
主家手长衣袖短
主家心想衣兜空
招待不周不生气

母舅上前献羌红

挂满新郎左边肩
母舅上前献羌红
挂满新娘右边肩
母舅上前去赶礼
一百两百三五百
一两二两三五两
礼钱赶得很轻松
挣钱来得不容易
绣花针能巧挑土
一针一针垒起来
左右肩上扛木头
一根一根扛出来
新郎新娘心头记
大凡小事帮母舅
新郎新娘心头记
大礼小礼要去还
恭请母舅饮几杯
恭请母舅吃几口

谢　客

吉祥日子已来到
这对新人成亲了
你们是最尊贵客
周吴郑王送起来
皇帝也要接待你
八人抬轿恭请你
两旁列队欢迎你
主家条件很有限
正客步行到此来
又为新人上高礼
主家手长衣袖短
招待不周请原谅

贤惠新娘嫁主家
你们恩惠大于天
夫妻恩爱一辈子

老少和睦欢乐多
房族邻里会帮衬
善待新娘掌中宝
坐在凳上像朋友
站起做事像兄弟

勤俭持家会有时
辛苦一天看不见
劳苦一辈有成效
笼中粮食堆不完
仓房肥肉挂不完

正客请你放下心
主家请你饮几杯
正客请你放下心
新郎新娘敬你酒

铺　床（一）

金玉满堂铺新床
先生贵子后生女
此床毯子四个角
后代儿孙上大学
鸳鸯枕头来团圆
后代子孙中状元
这双枕头里面花
后代儿孙顶呱呱
这床被子里面绸
后代子孙做诸侯
这床罩子四面宽
后代儿孙做高官
这根罩帘长又长
夫妻地久又天长
这张罩顶说不平
后代儿孙发起来
送道红儿丈二长
今天用来敬新人
新郎贺得心欢喜
后代定是状元郎
这张盖头四四方
代代长大坐中堂

铺　床（二）

今天是个吉祥日　　　　家中好事要撑起
此地正是吉祥地　　　　家中老少要和睦
新人嘱我铺床来　　　　新房之中无旧物
一进新房满是新　　　　心中私话枕头摆
东方新窗西方门　　　　出门不翻是与非
正是木匠重新做　　　　吉时吉日请进门
床上罩帘床上被　　　　诸位神灵要请到
双人枕头四四方　　　　山神水神和家神
朝左睡觉得女子　　　　村寨老人要尊敬
朝右睡觉得男儿　　　　说话做事要谨慎
子孙后代人丁兴　　　　儿女满堂幸福家

祝　酒

哎曲曲——
今天喜日加喜庆
庆庆贺贺多喜讯
今日非同平常日
卜算择吉逢吉日
神光普照大地暖
人间偕谊多幸福
祈愿神光照大地
凡间百事得顺遂
火神岩神水神敬
祖宗地神寨神敬
逢今就是新年头
月时日时都祈福
今日天上赐吉兆
地上时辰也吉祥
世间万事有来由
树有根来水有源
须将此事晓众人

所有规矩古制定
日麦婚嫁说从头
自古男女皆婚配
后人不敢有减增
此制木是古人兴
一代一代袭相传
日麦古规须遵行

哎曲曲——
天王阿爸讷达侧
其女嫁在凡间
天应地合拢美寨
不觉遇上泊达莫①
人事是较天事好
笑逐颜开日沉西
日麦青年泊达莫
龙山顶上秘会面
她是天上讷基②女

---

①泊达莫：羌语音译，译为凡间的人。
②讷基：羌语音译，译为天神女儿。

二人相见甚有礼
天事人事互相告
十月初一吉祥日
家家户户忙不停
二人途中又相遇
柳木瓢儿互相使
十月初一节气到
今宵谢天答地时
你我二人同往来
天兵天将威凛凛
日麦普谢天神恩
天神保佑新家庭
美满家庭同偕老

哎曲曲——
人间均须谢水神
水神使得万物生
讷基泊达莫私定情
杉木水桶交换背
二人再聚还愿坛
一年一度天门开
泊达莫回答讷基说
我乃日麦一凡夫
泊达莫来说分明
屈指节气将临近
泊达莫背水到神池
头上青丝互赠送
衷情倾叙不分离
讷基告诉泊达莫
各路诸神去朝天

天神天仙居天庭
只要凡人一遇难
求祈诸神赏恩惠

哎曲曲——
养儿养女多操劳
父母须当早准备
百斤肥肉存十斤
婚事时节做吉尔
请来释比算生辰
申时定好这门亲
养男之家望收圆
商议贵家去说亲
红爷说亲颇顺利
堂屋楼梯未搬走
这门亲事多吉祥
上辈亲戚情谊深
双方亲朋同声赞
养女之家好挑男
岁岁月月过去了
忙请释比将神敬
天上神灵吉祥日
日麦接亲须送礼
人无彩礼身不贵
贵家想得很周到
古规古矩都备足
还有麒波卡鲁礼

哎曲曲——
全按古人规矩办

疏忽之处定难免
夜静更深常常想
一石粮食存一斗
喜庆之际酿咂酒
婚事敬神须刀头
猪膘方块插双筷
年年积存月月攒
省吃俭穿及时用
生辰相宜系有望
门当户对相情愿
育女之家盼打发
贵家人好根底正
择定今日把婚办
今日非同寻常日
天上星宿是吉兆
地上新人迎吉祥
须请主家来道喜

哎曲曲——
今天是你出嫁日
金银财宝赏给你
给你青稞圆根种
带到人间去播种
杉木种子撒高山
杜鹃花种撒满山
羊皮作衣肉可食
离开天庭下凡后
敬神解秽不可少
皎皎白石得崇敬
五块白石也带来

供到人间房屋顶
敬奉供品神领受
柏香飘飘谢神恩

哎曲曲——
红日东方冉冉升
后面跟随一大群
讷基不该回头看
身后禽兽皆惊散
身前禽兽家中养
野禽野兽上万千
人畜不免出差错
泊达莫讷基抵寨
天宫姐妹能瞧瞧
子孙后代有食粮
带来杉木桦木种
装点人间更好看
圆根撒在房四周
绿叶平平添景色
带去荆棘有柴烧
修房造屋少不了
携带禽兽一大群
全部随她后脚跟
天庭可以看到她
披荆斩棘勤耕作
高山深处放牛羊
河滩地上种青稞
正月地里播下种
二月绿色铺满地
三月随风波浪翻

四月抽穗渐变色
五月金黄闪闪光
六月收割忙不停
收了青稞就打场
作食酿酒皆是它
喜鹊营巢蚁掘穴
房顶罩楼藏粮食
房屋中层居人间
房屋底层养禽畜
五块白石供房顶
人间受灾祈神灵
请神敬神得保佑
凡间深表谢大恩
兴家立业日夜忙
誓用双手换人间

哎曲曲——
今日会聚此屋殿
是神赐予吉祥宫
上有绿色八宝徽
屋顶本是石板盖
房梁是由金柱立
房间是由银板隔
房殿上下几层楼
全由黄铜来镶连
本是咱的吉祥殿
建了房殿吉祥多
吉祥日月赐祥耀
殿顶照耀金太阳
殿身照耀银月高

睁巴照殿似彩灯
吉祥词语不间断
吉日房殿祥事多
一是家园子孙多
家族发展得征兆
二是家园牛羊多
六畜兴旺呈吉兆
三是四方贵客多
财源兴旺呈吉兆

哎曲曲——
吉祥时辰说吉语
一说吉语神鼠日
天地诸神得先请
辰宵排立先得位
吉庆如是逢子日
子孙兴旺个个贤
二说人间骏马日
马道成功自古兴
喜庆择吉是午日
家出贵子做高官
三说家里火塘神
一日三次返天庭
喜日琐事件件诉
天神赐语主喜家
保护凡民全在神
人间子孙祭祀神
饭菜酒肉先供神
请神多多予保佑
四说和睦的家风

品好德高永继承
五说人间无色神
诸神本是日麦神
六说吉祥的星辰
吉祥如意护日麦
七说古稀得寿者
延寿全在孝心人
八说吉祥八合寿
祖宗万代得吉祥
九说创业幸福家
勤俭持家得富裕
金银枕头富家有
十说释比是威法
嘴吐油火翻刀山
烧红铁链随手耍
赤脚穿踏烧铧头
寸半竹签吞肚内
麦秆扎人听使唤
锅内熬油捞花针
神秘功能无穷尽
旁观目睹大吃惊
吉祥吉日释比择
敬神斩鬼是能手
日麦崇拜神释比
十一说与父母恩
人无祖宗根何来
人无父母身何来
出身家境再贫寒

吉星高照事事赢
十二祥语人人说
贤子不嫌父母穷
家兴全在偕和睦
业旺全靠一世勤

哎曲曲——
今日吉祥盛集庆
聚众敬拜讷基恩
讷基创业五谷食
禹裔五孙创酒业
少康造酒香又甜
醇香美酒先敬神
凡间宴席酒登位
万石杂粮一瓮收
酿制俄且①别一番
味美可口不醉人
各类庆典颂酒词
天王讷达栽金竹
金竹生在龙山顶
日麦饮酒不离它
金竹竿竿钻个孔
咂酒坛内插吸饮
日麦咂酒不虚传
今日吉祥欢庆喜
长者祝酒唱词完
佳偶同饮开坛酒
新郎新娘同出场

第一章 民俗篇

①俄且：羌语音译，译为粮食酿制的酒。

手提银壶举金杯
捧献贵客一杯酒
父老兄弟饮杯酒
红爷相帮献杯酒
乡亲乡友饮杯酒
喜酒不醉带赤色
人人皆饮得兴奋
今天贵家办喜事
八方宾客在此地
神龛案上香火明
红爷领颂周堂词
佳偶本是自天成
乾坤序立拜吉祥
一拜天地之恩德
二拜祖宗之赐福
三拜父母养育恩
夫妻交拜频频礼
一对鸳鸯偕白头
祝愿神灵多保佑
盼望家神赐幸福
敬奉祖宗保后裔

哎曲曲——
今日吉祥语重复
长辈祝词告家神
吉祥之神得受愿
天神地神山寨神
水神岩神房顶神

寨中各族祖宗神
家神诸神都敬到
各享贡品各归位

哎曲曲——
添人进口颇吉祥
一家发到数十家
百家发到数千家
就如天星一样繁
就像姑迫①籽样发
就如月亮一样明
就像万丈霞光照
就像太阳一样红
粮食满仓衣丰足
猪膘油饼挂满屋
千家发达共同富
人兴财发子孙贤
家道兴隆人丁旺

哎曲曲——
祝愿父母得长寿
祝愿长辈多吉祥
祝愿家庭都和睦
祝愿人间无灾祸
愿家五谷堆满仓
祝愿六畜家中旺
祝愿亲人得安康
祝愿人间胜天堂

① 姑迫：羌语音译，译为圆根。

迎母舅（一）

今天你家是冬天　　去的地方比较远
今天你家是阴天　　一路走好安心去
因你离别到天堂　　走到哪里安心过
老舅新舅来相送　　不念人间好和坏
寨众邻里来相送　　要为人间祈平安

迎母舅（二）

有了人间有舅家
人间发展靠舅家
高山之上有舅家
舅家不来用啥迎
山种三斗迎舅家
山包之上有舅家
舅家不来用啥迎
山包三斗去迎舅
杉林之中有舅家
舅家不来用啥迎
杉种三斗迎舅家
桦林之中有舅家
舅家不来用啥迎
桦种三斗迎舅家
竹林之中有舅家
舅家不来用啥迎
竹种三斗迎舅家
黑刺林中有舅家
舅家不来用啥迎
刺种三斗迎舅家
岩台八台有舅家
舅家不来用啥迎

背上白鼓迎舅家
大路之上有舅家
寨坪之上有舅家
舅家不来用啥迎
骑上白马迎舅家
村寨之旁舅家来
青稞三斗去迎舅
凡人门前舅家来
舅家不进凡人门
舅家不进用啥迎
拿来九年陈猪膘
迎接舅家的到来
凡人房内四个角
沟巷过来舅家到
铺上青稞麦子秆
舅家进了凡人门
舅进门了用啥接
端出九年的醇酒
迎接舅家的到来
凡人接了舅家到
来了房内堂屋中
堂内火塘舅家坐

第一章 民俗篇

茶饭拿出待舅家
放上茶具待舅家
今晚接舅非凡日
不是种田农忙时
悲哀之时接舅来

舅家到来才有主
舅与侄系亲永存
房子牢实靠根基
人之发展靠舅亲

吊　唁（一）

××病从哪里来
自从生病一开始
家里儿女不停寻
四处打听找名医
吃了不少中草药
总是疗效不明显
反弹现象经常出
弄得全家焦头额
久病自身也烦恼
终期已到永别了
房顶坏了可修檐
不搬不换无关碍
靠神靠人病不好
求神不灵药不应
人去不能久停放
不满三天须安葬

一不牵挂家中人
二不缠绕亲朋友
老少母舅都请到
一一叙述丧事宜
××啊！
那是你的寿数尽
丧事做得很周到
不比别人办得差
亲朋长辈都满意
××啊！
安下心去吧！
今天亲朋来送你
一直向前乘云去
不要向后朝阴府
美丽雀鸟也叫了
祝福你要静安息

吊唁（二）

母舅为你来送辞
你要远去到北方
走到了交叉比各①
大路小路有三条
你要走到大路去
那条大路是神路
路上要遇阿巴斯②

你要走到中间路
中间那条祖宗路
路上碰见阿巴珠③
那条小路你别去
那条小路是邪路
路要撞鲁布苦巴④

---

①交叉比各：羌语音译，译为三岔路。
②阿巴斯：羌语音译，译为神灵。
③阿巴珠：羌语音译，译为祖宗。
④鲁布苦巴：羌语音译，译为牛鬼蛇神。

吊 唁（三）

第一杯
今天日子很沉痛
明天你为天上人
众亲来此为送行
今天再来理关系
老舅新舅按顺排
前世今生有来头
天上之神俄滚姆①
地下之亲色吾瓦②
有了天就会有地
有了相聚有离别
别呀阿卡巴③
葬前有"咕"④

山中有"雾"⑤
倾诉之人桑木芝⑥
推的人是何吕木芝⑦
祭祀之人瓦萨别木芝⑧

第二杯
别呀阿卡巴
吃盐巴的不是我
吃酒肉的不是我
吃盐巴的是雨神
吃酒肉的是雨神
山上有野兽
林中有野鸟

---

①俄滚姆：羌语音译，译为雨神。
②色吾瓦：羌语音译，译为黄牛。
③阿卡巴：羌语音译，译为"起吧邪魔鬼怪"。
④"咕"：羌语音译，译为祭祀。
⑤"雾"：羌语音译，译为各种鸟。
⑥桑木芝：羌语音译，人名。
⑦何吕木芝：羌语音译，人名
⑧瓦萨比木芝：羌语音译，"瓦萨"是地名，"比"指释比，"木芝"是该释比的名字。

今天这悲哀日子
水来山挡
无衣有云
无穿有"哌石的"①
口渴有"西必嘎勒"②

第三杯

别呀阿卡巴
这个地方人走了
那个地方人到了
人生有病也有死
人生有语也有言
要送他远走远走

---

① "派石的"：羌语音译，译为白石头。
② "西必嘎勒"：羌语音译，译为泉水。

吊　唁（四）

老舅来送辞　　　　　　　亲戚家族为你戴孝了
起身了！　　　　　　　　三朋四友也齐了
你是×年×月×日生　　　三朋四友为你戴孝了
你是×年×月×日毕　　　儿子女子也到了
今天三位大官来到了　　　儿子女子为你尽孝了
三位大官为你戴孝了　　　子子孙孙也到了
三位释比来到了　　　　　子子孙孙为你尽孝了
三位释比为你送行了　　　该来的都来齐了
邻村附寨来帮忙　　　　　该来送的都来送了
邻村附寨为你尽孝了　　　来的人
兄弟姊妹也到齐　　　　　想的人
兄弟姊妹为你戴孝了　　　念的人
老舅新舅也到了　　　　　都尽心尽力了
老舅新舅为你戴孝了　　　家人办了丧葬费心了
亲戚家族人来了　　　　　家人办的丧葬漂亮了

吊唁（五）

今天一天大太阳
万没想到会下雨
硬硬朗朗一个人
万没想到会过世
千没想到万没想
今年今月今日逝
过世以后上天堂
去的地方是天堂
住的地方是天堂

为了把你送坟园
送到家族大祖坟
你的子女和家族
专程敬请众母舅
专程带信给母舅
老新母舅都已来
老新母舅一山人
不怕苦来累不怕
辛辛苦苦来祭奠

老新母舅常伤心
老新母舅常痛心

众亲今天都来齐
来时大路都遮黑
来到你家家亮敞
众亲如若不参加
是对逝者的不敬
逝者家里不光彩
子女脸面挂不住
今天他们都来齐
你的脸上光彩了
你的骨头更可贵

老新母舅来送你
来看装殓是否好
看你头上戴的啥
看你身上穿的啥
看你腰杆拴的啥
看你脚底穿的啥
给你穿了多少绫
给你穿了多少绸
装了多少金银帛
装了多少金银钱

只有老新母舅来
你到祖坟才有吃
你到祖坟才有穿
你到祖坟才有住
问了你是咋病的
问了你是咋过世

主家代表回母舅
叙说得病的根由
叙说过世的根由
叙说你生前苦累
老新母舅很安心
老新母舅很放心
安安心心你可去
去到没病没痛处

×××：
大大方方在灵台
接受我们的祭奠
要去高处低处进
要去低处高处进
要去亮处黑处进
要去黑处亮处进
要去清处浑处进
要去浑处清处进
你的阴魂回家看
你的阴魂回家听

×××人在生前
山上拉了多少料
河坝背了多少水

你伴着鸡叫起床
你伴着鸡歇休息
辛苦了你这一生
劳累了你这一辈
今天母舅来祭你
颂你一辈的得失
颂你生前的病因
颂你过世的情况
颂你一生的辛劳
一件事情说一句
一样事情说一点
我们只是起个头
上方坐的老辈子
下方坐的姑和孃
烦请各方的亲朋
耐心听我颂一颂

自从天才一尺大
自从地才一尺大
自从那个时候起
就有生老和病死
就像河里水样流
有流来的有流走
如若流来不流走
天地之间装不下
有水流来有流走
生生死死也一样
人生下来就还债
人死才算还清完

能在天上飞的人

第一章 民俗篇

能在水上走的人
拿着白石做法人
拿着黑石做法人
要病时候就得病
要死时候就得死
无人不敢说不病
无人不敢说不死

刀子拧成疙瘩人
火钳掰成九截人
要病时候就得病
要死时候就得死
无人不敢说不病
无人不敢说不死

射死三只老虎人
打死三只黑熊人
要病时候就得病
要死时候就得死
无人不敢说不病
无人不敢说不死

天下最大的帝王
十四十五坐朝上
三十初一上朝堂
坐在九龙头上朝
天下所有归他管
要病时候就得病
要死时候就得死
无人不敢说不病
无人不敢说不死

最有本领的释比
坐在山洞修道人
七天七夜不吃饭
七天七夜不喝水
要病时候就得病
要死时候就得死
无人不敢说不病
无人不敢说不死

天下人们都会病
天下人们都会死
不是只有你才病
不是只有你会死
天上白天的太阳
天上黑夜的月亮
十四十五小雾遮
三十初一厚云遮
小雾一遮看不清
厚云一遮看不见
说是天狗吃太阳
说是天狗吃月亮
没有灾降下灾来
没有难降下难来
天上太阳有灾难
天上月亮有灾难
地下人类有灾难

山上葱绿的森林
等到雪堆的时候
树上叶儿也变黄
树上丫枝也枯了

树干芯芯也变空
林中朝上倒一根
林中朝下倒一根
该病时候就得病
到死时候就得死
谁也不敢说不病
谁也不敢说不死

深山老林凶恶狼
深山老林凶恶豹
到了雪堆的时候
到起凌冰的时候
凶恶狼的牙掉了
凶恶豹毛也落了
尾巴也夹起来了
也不敢说不生病
也不敢说不会死

天上飞快的老鹰
到了雪堆起时候
到起凌冰的时候
飞快老鹰嘴黄了
老鹰翅膀毛落了
想飞也飞不起来
该病时候就得病
到死时候就得死
也不敢说不生病
也不敢说不会死

麻雀声音很洪亮

到了雪堆起时候
到起凌冰的时候
它的叫声更小了
麻雀羽毛也落了
想飞也飞不起来
该病时候就得病
到死时候就得死
也不敢说不生病
也不敢说不会死

屋头的锄头铁耙
到了铁匠的手头
身子换了样子变
屋头五谷堆的粮
一放在石磨子上
石磨子连转九转
未死的被碾死了
未烂的被磨烂了

天下万物会生病
天下万物也会死
不是只有你才病
不只是你一人死

怀在母亲肚里时
先刻你的死八字
再刻你的生八字
什么时候你该生
什么时候你该病
什么时候你该死
生老病死已定下

第一章 民俗篇

你才降生到世上

那年那月的那日
天未亮鸡未叫
鸡未叫狗未咬时
你到房背望星星
你到房背望天辰
望了东方看西方
转了南方数北方
看过天上看大山
看过大山看河坝
河坝吹来一股风
吸进嘴里变成病
不由自主昏了头
不由自主花了眼
不由自主慌了心
从此躺在病床上
病情一时凶一时
病情一天重一天
子女也请了名医
带到各地看了病
买来各种治病药
买来各种名贵药
吃了一次又一次
病情还是不见好
病情还是不见轻

子女给你算了命
最好释比算了命
子女给你测八字
最好先生测八字
子女请人扯索卦①
最好先生扯索卦
释比许了许多愿
许愿白旗插满山
许愿馍馍堆满山
天神没有承受它
挽救不了你的命
天上神灵没有赢
阴间鬼魂却赢了

你是今天的太阳
你是明天的日子
不是子女待不好
不是子女不孝敬
不是子女没去救
不是子女赶出门

分不开是亲骨肉
撕不开是亲骨肉
痛心撕开亲骨肉
丢下亲人去天堂
家人外人都知道
这不是你的愿望
你是无可奈何的
谁也是无可奈何

---

① 索卦：一种用羊毛绳索占卜的卦。

明天送你上坟时
前有开路众母舅
后有麻秆火照明
有丢买路钱孝子
到家族的祖坟时
你要向祖先说明
保佑众亲友长寿
保佑年轻人百顺
保佑庄稼大丰收
保佑家族人兴旺
你要向天神祈求
关闭降灾的天门
保佑人民过太平
保佑人民要安康
保佑人民无病痛
天下人民会虔诚
要到祭祀塔还愿
虔诚之心敬天神

攫取性命的恶鬼
答应用钱换你命
你的子女和房族
所有亲友和乡亲
当恶鬼要一百时
他们要捐上一千
当恶鬼要一千时
他们要捐上一万
成千上万的金钱
他们都能拿出来

成千上万的金钱
他们都愿拿出来
这个恶鬼不要钱
恶鬼只要你的命

我们看不到恶鬼
我们摸不到恶鬼
若能看到又摸到
亲朋好友这么多
邻里村寨这么多
十里宽的长河坝
我们站都站不完
九十九匹山梁子
我们站都站不完
拿起棍棒和刀枪
要扯起各种旗帜
要走三天的路上
要走五天的路上
我们可去打几仗
可以去杀几昼夜
只是看不见恶鬼
只是摸不着恶鬼
我们就是没办法

人都要走这条路
但愿你不要伤心
但愿你不要怄气
安息吧!

吊 唁（六）

尊贵的来者
新旧亲人们
主家家人们
老人仙去了
一辈子过去
去了祖宗堂

大家聚来此堂
送老人归了山
向老人告了别
给主家撑了场
让你们劳了心
也添了麻烦

自老人到主家
功劳苦劳一生
操持家务一生
家产业产富有
家里养儿育女
养儿子娶媳妇
养女子嫁别家

起早贪黑为一生
清早烧火还是她
睡前炆火还是她
圈里结肥还是她
火炕放柴还是她
支人待客还是她
孝敬公婆还是她
相爱兄妹还是她
养儿育女还是她
善待邻里第一人
友好寨人第一人
尊老爱幼第一人
文明礼貌第一人
从不得罪成年人
从不欺负幼小孩
为人处世要数她
劳苦功高要数她

如今害了不治病
天上神灵要你去
你的寿命已注定
儿女心疼要留你

你的生命留不住
儿女为你劳了心
你想吃饭儿递碗
你想喝水儿递杯
你要翻身儿帮忙
你要解手儿抱起

如今害了不治病
天上神灵要你去
你的寿命已注定
旧亲新亲来相望
一次看望又一次
三番五次来相望

要和老人离别了
过了一辈舍不得
阴阳相隔不相见
亲朋好友来相送
邻里村寨来帮忙
夜晚陪伴来守夜
白日重事来相帮
亲朋好友恩情重

本寨邻寨情谊深
主家儿女心头记
一点一滴在心头

哪家凡是有了事
兄弟姊妹会记住
尽心尽力来相帮

二月八月鸡飚稀
二月八月牛拉肚
桌子上面无菜摆
碗盘没有喜欢菜
要和老人离别了
只有寡酒来相敬
待到时良日吉时
恭送老人归瓦布①

自此往后
家顺事顺
运好势好
纳吉纳鲁

---

①瓦布：羌语音译，译为山。

吊唁（七）

天空落下了灾情
地下躺着了尸体
要病的时候要病
要死的时候要死
水流来了要流走
人生了就会死亡
河水欠下什么债
欠下流来流走债
河水要还什么债
要还流来流走债
人生欠下什么债
人生欠下生死债
人生要还什么债
要还生和死的债
堆山金帛还不清
积河银钱还不清
千年万载还不清
只得生死来相还

到雪隆包上去躲灾
雪隆包上没有躲脱
到深山老林去躲灾

到深山老林没躲脱
到十二岩台上躲灾
十二岩台上没躲脱
到长长路上去躲灾
长长路上没有躲脱
到歇气坪上去躲灾
歇气坪上没有躲脱
到寨子林角去躲灾
到寨子林角没躲脱
到舅舅屋头去躲灾
舅舅屋头没有躲脱
到家门族房去躲灾
家门族房没有躲脱
到子女跟前去躲灾
子女跟前没有躲脱
山老了要垮塌
树老了要空心
河老了水要枯

到雪隆包上你老了
到大森林里你老了
到高山之上你老了

十二岩台上你老了
到长长路上你老了
到大河坝里你老了
到了房背上你老了
到房背四角你老了
自家房梁上你老了
在火塘四方你老了
在堂屋四方你老了
山老了要垮塌
树老了要空心
河老了水要枯

上天已经生气
云雾已经生气
雪山已经生气
森林已经生气
十二岩台已生气
大山沟已经生气
长长路已经生气
歇气坪已经生气
大河小河已生气
木桥已经生气
山老了要垮塌
树老了要空心
河老了水要枯

××（死者的名字）
你死后有去的地方
你死后有住的地方
头上戴起了红绸帽

身上穿了绫罗绸缎
雪白的麻绳腰上拴
扎花的鞋子脚上穿
哪个要给你戴帽子
寨中乡亲给你戴帽子
哪个要给你穿衣裳
家门族房给你穿衣裳
哪个要给你穿鞋子
你的子女给你穿鞋子
山老了要垮塌
树老了要空心
河老了水要枯

雪隆包上把你堆起来
大森林里把你堆起来
十二岩台把你堆起来
长长路上把你堆起来
歇气坪上把你堆起来
长长河坝把你堆起来
房背之上把你堆起来
房背四周把你堆起来
自家房梁把你堆起来
火塘四方把你堆起来
堂屋四方把你堆起来
山老了要垮塌
树老了要空心
河老了水要枯

雪隆包上你亮起来
大森林里你亮起来

十二岩台你亮起来
长长路上你亮起来
歇气坪上你亮起来
房背之上你亮起来
房背四周你亮起来
自家房梁你亮起来
火塘四方你亮起来
堂屋四方你亮起来
山老了要垮塌
树老了要空心
河老了水要枯

××（死者姓名）
死后你有地方去
死后你有地方住
敬上八拿长的面
长长路上来送你
敬上八拿长的面
送你去个美好地
寨中乡亲来送你
长长路上来送你
家门房族来送你
长长路上来送你
亲戚母舅来送你
长长路上来送你

儿女侄孙来送你
披麻戴孝来送你
你家门口排队送
沿着早先抬丧路
天远地远来送你
送你送到坟山上
山老了要垮塌
树老了要空心
河老了水要枯

××（死者姓名）
我们就此要永别
不该永别时永别
与全寨乡亲永别了
与亲戚母舅永别了
与家门房族永别了
与亲朋好友永别了
与亲生儿女永别了
分不开的是亲骨肉
离不开的是骨肉情
今天骨和肉要分开
山老了要垮塌
树老了要空心
河老了水要枯

吊 唁（八）

寨中长者去世了
离开人间到天堂
不要忘记了身份
不要忘记了信仰
走到三岔的路口
不要忘记走哪条
上面一条是神路
中间一条是人路
下面一条是邪路
杀根神牛敬奉你
先有羊叉后扫帚
牛角可以来顶天

脚大可以来立地
需要骑它你就骑
需要驮它你就驮
草编的桥你别走
风做的桥你别过
石头搭桥你要过
铁板搭桥你要走
你要走到天堂去
天堂之上好去处
春夏秋冬要开花
要走勒测格都[①]去

[①]勒测格都：羌语音译，译为羌人死后要去的地方。

祭　羊

母舅现今问孝家人
孝家人早已安排好
说好死者穿六件衣
亲戚朋友要招呼到
十四斤猪油送母舅
明天送葬时我引路
照明麻秆要准备好
准备领路的祭杀羊
我们母舅人不多说
俗话说说母舅主意多
俗话说说母舅办法好
老人过世孝家成孤儿
你们要向全寨众人学
你们要向亲朋好友问
要向家门房族去请教
要讨怀中好主意
要讨心中好办法
邻里乡亲会善待
学会做人和做事
走在前面为人打露水
走在后面为人提衣襟
别家凡有喜忧事

学会主动垫桌腿
主动帮人去舀水
主动帮人添柴火
母舅只是临时的太阳
母舅只能临时照一时
家门族房才是长依靠
寨中大众才是长依靠
家中有一老人已故去
今后善待活着的老人
关心提携成长的小孩
老人故去明处花钱财
死者暗处保佑得平安
保佑你们吉祥又如意
到田边地角为你增产
给十倍百倍地回报你
这是母舅对你的希望
明天你要放心上路吧

前面会有我们众母舅
手拿弯刀为你引好路
用麻秆火把来照亮路
孝子为你好丢买路钱

释比为你击鼓诵经
前面带头有领路羊
亲朋拿着各种祭祀品
好友出工出力去送葬
全寨各家门前烧火堆
全寨各户门前熏上烟
到了家族公墓时
要向祖宗说明白
保佑自己的儿女
保佑自己的儿孙
保佑在座的亲朋好友
健康长寿、万事如意
心想事成……
还要向天上的神通明
要求天神关闭了
下降灾难的天门

请求天下人过上
太平安乐的生活
无灾无病的日子
那时天下所有人
诚心诚意敬天神
报答天恩谢大地

×××你的故去
全是命中注定的
人人要走这条道路
你不要伤心不怄气
一路走好

你与祖宗同吃同喝
你与祖宗吃好喝好

答 谢

今天要给在座的
说几句来颂几句
死者已过一辈子
离别人间到天堂
三岁也是一辈子
五十也是一辈子
人类可发万万代
树种只能活一辈
人间要收贡和税
天堂贡税要收人
人间纳税不过年
天堂贡税不过夜
贡税不留三更天

卧床期间来看你
母舅亲戚来看望
邻寨附近都来看
一次来了又一次
十次八次来看望

离开人间到天堂
熬更守夜去守灵
累了苦了没水喝
给死者家帮了忙

死者家人能记住
你在忧事帮了忙
我在喜事来相帮

床前久病无孝子
家人也已劳与苦
为你操累了心肠
为你更衣喂你饭
进进出出
上上下下
忙忙碌碌
没有一句抱怨话
没有一句大声气
家人为你尽孝道
天下难找家人孝

阴天过了晴天来
丧事过了喜事到
不会再遇丧事来
今后
天天要喝庆贺酒
天天要吃庆功宴
恭请孝子磕个头

念夫君

正月里来伤心格
田间庄稼我去做
一人干活不起劲
小郎不好带信来
二月里来去看郎
纱帕抱的琼糕米
耐心劝郎吃点饭
小郎愁下吃两口
三月里来请先生
先生哥哥好好医
我虽家里很贫穷
头上金钻谢先生
四月里来请释比
释比法器我背上
释比哥哥好好医
耳上耳坠谢释比
五月里来去看郎
双手抹开红缎帘
躺床容貌变了样
小郎死在绣雅床
六月里来请木匠
木匠锛凿我背上
木匠师傅宽宽挖
小郎睡下好翻身

七月里来请阴阳
阴阳罗盘我背上
好个龙脉请看准
小郎睡下好遮阴
八月里来请相帮
八把锄头九个人
相帮们哟宽深挖
小郎睡下好翻身
九月里来要发丧
梧木杆子两边掰
前头走的张四姐
后头抬的少年郎
十月里来要上坟
一盘敬菜一碗酒
新坟面前伤心哭
只见长草不见男
冬月里来要出门
走到半路碰红爷
红爷好事请转回
孝过三年又嫁人
腊月里来回娘家
先拜阿爸再拜娘
他家儿子已过世
后头鲜花开空花

念母恩

水有源来树有根
母有源来父有根
人无父母身何来
人无祖宗根何起

一月怀胎在娘身
无踪无影又无形
三朝一切如露水
不觉孩儿在娘身
古言人语小天地
白穴择吉从此生

二月怀胎在娘身
头昏眼花闷沉沉
人人父母都如此
才有香烟后有根
盘古开天是必然
在世人间记心中

三月怀胎在娘身
足炕手软路难行
茶不思来饭不想
想吃桃梨口内吞
口中菜饭无滋味
一夜不定到天关

四月怀胎在娘身
面黄皮瘦不像人
忧心不长真苦累
手足分离两边排
白日活路难去做
起早睡晚费娘心

五月怀胎在娘身
怀有腹中长全形
怀在腹中分男女
吃娘血水痛娘心
血儿不知娘辛苦
你娘日夜忧在心

六月怀胎在娘身
手足酸麻懒动身
旁人不知娘辛苦
一个身来两个人
富贵之家闲三分
贫寒之家苦十分

七月怀胎在娘身
你娘怀你费心情
儿在阳间为好汉
娘在阴司坐血河
地狱门前一条河
哪个儿女孝爹娘

八月怀胎在娘身
耳聋眼花步难行
心想要回娘家去
闷闷倦倦不安心
茶饭不敢多吃口
丝裙不敢紧缠身

九月怀胎在娘身
一身软弱路难行
东家请娘不敢去
西家请娘路难行
回趟娘家不打紧
生怕还要路上生

十月怀胎在娘身
娘在房中长忧生
娘要上天无路走
心想落地地无门
结发夫妻心不忍
神龛面前许愿信
大小愿信都许了
是儿是女早见生
儿奔生来娘受苦

只隔阴阳纸一张
你娘房中生下你
一盆血水洗了身
见得孩儿生下地
无呼吸去请亲朋
袄子把儿包扎好
一劫人生万劫难
白天吃奶三瓶浮
夜晚吃奶九遍浆
干处就由儿去睡
湿处就是娘安身
如是两边都湿了
孩儿放在心口中
你娘不是半江水
阵外山中树木尖
恩难报来难报恩
苦身难报养育恩
一来报答天和地
二来报达父母恩
朝仙不如拜父母
你娘就是活菩萨
孝顺儿孙孝顺子
儿女痛心娘受苦
七岁就知孝娘心
每日菜饭都敬到
三餐菜饭母先尝
未吃先尝三铁棒
私造饮食九重锤
这份孝名天下少
孝上册中为第一

第一章 民俗篇

敬父母

父母恩情似海深
人生莫忘父母恩
生儿育女循环理
世代相传自古公
为人子女要孝顺
不孝之子罪逆天

家贫才能出孝子
鸟兽尚知哺育恩
父子原是骨肉亲
爹娘不敬敬何人
养育之恩不图报
望子成龙白费心

养 蜂

我不养蜂有人养
养蜂之家三弟兄
蜂儿本是天上来
一桶飞到神仙府
不造神业造蜂业
一桶飞到大岩上
飞到岩边戈基家
不造戈业造蜂业
三桶飞到我羌家
飞来羌家造民业

蜂儿安身在羌家
转眼就到分蜂日
养蜂之家三弟兄
整日都把蜂来看
一天蜂儿飞出桶
老大帽子戴不及
打起光头去撵蜂
十九匹梁蜂飞过
撵不着蜂转回走
第二桶蜂也飞出
老二不及拴腰带

敞着胸怀去撵蜂
十九匹梁蜂飞过
撵不着蜂往回转
蜂儿飞出第三桶
老三不及穿上鞋
打起光脚去撵蜂
十九匹梁蜂飞去
老三终于撵上蜂

蜂儿停在牡丹树
老三手提篾竹篮
牡丹树上把蜂引
牡丹树上招住蜂
牛皮口袋蜂装进
牛皮口袋手上提
黄昏时候转回程
手提蜂袋忙赶路
一路来到歇气坪
歇过气后又起身
手提蜂袋进寨门
穿过寨门忙回家
手提蜂袋回家门

几步跨上独木梯
土台侧边走过去
将蜂提到菜园里
蜂儿装进杉木桶
牛屎粪巴把桶封
细篾条儿紧箍住
蜂桶搁到养蜂台
戈基石板桶盖住

满桶蜂儿逗人喜
四方采花多有趣
这桶蜂儿多有趣
岬方采花逗人喜
蜂儿蜂儿长得好
头部尖尖像绵羊
蜂儿蜂儿长得好
腰儿细细像蚂蚁
蜂儿蜂儿长得好
长着两只金翅膀
这桶蜂儿逗人爱
四方采花都飞去
蜂儿搬水不用桶
口含清水运回桶
脚儿弯弯细为钩
不用绳儿搬花粉

正月蜂儿去采花
飞到矫山沟内去
羊角花儿沟内开
采来花蕊忙搬回

二月蜂儿去采花
顺着矫山路边行
迎春花儿路上开
采来花蕊忙搬回
三月蜂儿去采花
飞到日麦菜园坝
桃李花儿园内开
采来花蕊忙搬回
四月蜂儿去采花
顺着山梁飞过去
兰草花儿开梁上
采来花蕊忙搬回
五月蜂儿去采花
飞到悬岩台边地
喇叭花儿开岩顶
采来花蕊忙搬回
蜂儿飞到高山顶
大山羊角正绽开
采来花蕊忙搬回
六月蜂儿去采花
大小山沟都飞尽
倒钩海棠沟沟开
采来花蕊忙搬回
七月蜂儿去采花
高山深处飞了去
高山深处有百草
采来花蕊忙搬回
八月蜂儿去采花
飞到日麦农田里
庄稼田里绿茵茵

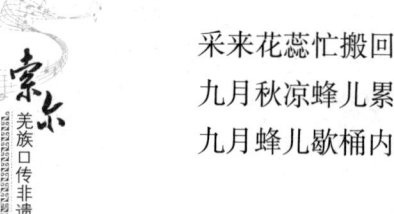

采来花蕊忙搬回
九月秋凉蜂儿累
九月蜂儿歇桶内

养蜂之家把量商
选个吉日取蜜糖
养蜂之家三兄弟
菜园角里走过去
走到养蜂土台边
戈基石板取下来
杉木桶儿抱下来
一桶提来比铁重
二桶提来比石重
三桶提来有百斤
养蜂工具背上桶
白铁尖刀手中拿
水籽扫帚拿手中
白铁瓢儿背背上
菜园角中走了去
养蜂之家三弟兄
松开桶上篾条箍
双手抠下牛屎巴
篾条箍箍拿了开
蜂桶上面敲一下
弟兄心里乐开花

白铁尖刀割蜂蜜
水籽扫帚来扫蜂
杉木桶儿来装蜂
弟兄三个合力干
蜜蜂装进杉木桶

蜂桶放到养蜂台
戈基石板桶上盖
杉木蜂桶扛上肩
家中灶边放下来
竹编斗箕安锅上
大铁锅上把蜜滤
锅内装满金黄蜜
然后再把蜜来熬
放点酒曲在蜜里
日麦酒曲真正行
黄土坛儿把蜜装
戈基石板盖坛口
麦草圈圈坛口拴
火塘灰灰调稀泥
调稀封在坛口上
蜜酒装好已三夜
再过三年又三载

等到蜜酒酿好了
开上一坛敬天地
蜜酒醇香真正好
蜜酒比糖还甜蜜
开上三坛蜜酒哟
敬姑爹来敬祖父
蜜酒醇香真正好
比那核桃还香甜
开上三坛蜜酒哟
敬献叔伯和家门
蜜酒醇香真正好
又甜又香把嘴抹

十二杯酒

一杯美酒用斗斟
二人生下根连根
男生腊月三十晚
女生十五闹花灯

二杯美酒满满斟
酒中照见心上人
连杯带酒吞下肚
酒在肚里思在心

三杯美酒竹叶青
二人当天把誓盟
男有魁心刀下死
没有愧心死本身

四杯美酒共两双
不瞒父来不瞒母
堂前不瞒哥与嫂
二人做事二人当

五杯美酒是端阳

菖蒲美酒羌雄黄
劝君多饮雄黄酒
以免蚊虫咬郎君

六杯美酒汗冰冰
食指尖尖提手巾
左手与郎擦擦汗
右手挥扇乘乘凉

七杯美酒秋风凉
二人挽手绣牙床
红罗帐里贪玩耍
打散青丝懒梳妆

八杯美酒敬四方
一对鲤鱼奔长江
鲤鱼奔在长江水
小妹难拴少年心

九杯美酒九仙桃
红罗帐内架雪橇

哥有情来不嫌妹
妹愿二人结鸳鸯

十杯美酒天雾白
妹家金鸡把翅拍
可惜金鸡叫早了
抢蛋石头没抢热

十一杯酒送郎走

送郎送在桥垄口
手扳桥栏摇两摇
不知情郎去哪方

十二杯酒送郎走
送郎送在桥当头
郎上马背笑眉露
妹上厢楼眼泪流

第二章 建筑篇

采　料

采木料嘛采石料
采料采料采木料
采料采料采石料
自古以来采料时
穿白衣者背石来
穿绿衣者背水来
穿红衣者背黄泥
穿黑衣者和稀泥
自古以来有规矩
冬月属猪挖基脚
白铁尖锄挖基脚
白铁刨锄刨基脚
竹编簸箕装泥土
基脚大石放得好
四角墙角拉得直
墙体砌墙砌得好
门位门方竖得端
门的位置安得好
门心门板关得好
门上杆闩做得好
底脚一层住牲畜
留好牲畜之圈道

圈内牲畜大发展
猪发展绵羊发展
鸡发展家禽发展
山羊多五谷丰收
二层楼上住日麦
日麦修筑留指纹
大梁顺放放得好
横梁横放放得好
椽子铺放很整齐
火塘修造修得好
修的三足修得好
铁锅放上很平稳
这家人丁发千千
这家猪膘肥又厚
这家猪油用不完
这家金银使不完

这家猪油用不完
这家多的是金银
三层楼层做柜房
神来修筑留指印
四角墙角要拉直

墙里墙外稀泥抹
大梁顺放放平直
横梁横放放端正
椽子铺垫铺平整
椽子上面铺竹笆
上面稀泥拖得好
稀泥上面添面土
房背墙边铺石板
上面纳察砌得好

上放石板放平整
上立白石立端正
上插杉杆立得稳
插的旗儿插得好
神祇祭祀楼修好
还愿楼层修好了
一家烟火百家有
百家烟火传千家

砌　墙

顺口溜、传后世　　横压筋、顺压脉
世世代代永不忘　　近看梁、远看墙
砌墙不用巧　　　　离得远、看得端
全靠屁股塞得好　　石石错缝
认石认八方　　　　角翘三分
面子放外边　　　　见尺收分
方方长长墙角呆　　房屋不稳心不定
大石离不开小石塞　老婆要看十八年
长三镶、短五限　　十八一过住百年
内八层、外七转　　安安稳稳上千年
中立石、垫口皮

修 房（一）

算了今天是好日
主家这里下基脚
砌的墙角要笔直
砌的墙面要张平
房屋四方都吉利
手拿四方方方宝
嘴吃四方攀富贵
脚踏四方财源进
修出房屋高又大
修的卧室大又亮
家中人丁兴又旺
家中财源滚滚来
一家发到二十三
二十三发九十三

修 房（二）

先平屋基后立架　　　　一进财门大大开
四根中柱顶中梁　　　　左面栽的摇钱树
一根中柱檀香木　　　　右面放的聚宝盆
二根中柱紫檀香　　　　左面门上龙封头
三根中柱桂花木　　　　右面门上龙摆尾
四根中柱莫摆头　　　　上面坐的是贵人
先钉船角后上瓦　　　　两面坐的是客人
前面上的琉璃瓦　　　　恭喜主家大发财
后面上的三滴水　　　　恭喜主家万万年

修 房（三）

天神木比①教造房
先在四周平地基
平了地基挖墙基
黄土稀泥抹好墙
刷上稀泥砌石块
砌好房基的四角
再把房柱立起来
立好房柱上房梁
横梁用力拉上房
横梁安好补楼椽
敬天敬地还神愿
再修房楼修三层
楼墙之上补房椽
房椽要用粗竹竿
还要补上竹丫枝

补完竹丫再敬神
敬天敬地上六层
竹丫枝上抹稀泥
稀泥未干撒干泥
撒完干土砌边墙
敬天敬地修九层
敬神要把神旗竖
神旗要用白纸做
白纸神旗已做好
白纸神旗安旗帽
神帽要用神线拴
拴好神线贴鸡毛
白纸神旗抹红血
神帽上插鸡翅毛

---

①木比：羌语音译，即天神木比塔。

修　房（四）

修造房屋啥工序
修造房屋先平基
地基平好该做啥
平好之后挖墙基
墙基挖好该做啥
墙基挖好排伞磴
伞磴上边该放啥
伞磴上边矗立柱
立柱矗好该做啥
立柱上边斗穿枋
穿枋斗好该做啥
穿枋斗好斗楼杆
楼杆斗好该做啥
斗好又放顺水梁
顺水梁上又放啥
顺水梁上放横梁

横梁上边该放啥
横梁上边放椽子
椽子上边又放啥
椽子上放黄刺梢
黄刺梢上又放啥
黄刺梢上黄竹梢
黄竹梢上该放啥
黄竹梢上倒黑泥
黑泥巴上该倒啥
黑泥巴上倒黄泥
房子盖好该做啥
盖好又砌四周墙
砌好又该做啥子
砌好又砌拦水墙
拦水砌好该砌啥
又砌房顶纳萨碉[①]

[①]纳萨碉：羌语音译，译为家家户户在房顶敬奉的神塔、祭祀塔。

安家神

这家家里亮堂堂
夜晚发亮月亮神
旁边则是星宿神
水源流处是水神
山岩之中是山神
树林林中大树神
山梁之上山神爷
界址之处界明神
房子周围石窖神
天宫之上玉皇爷
日麦敬奉木比塔
这村这寨的大神
威州之地甲杂神①
五谷神公麻搭母
五谷神母略各母
栏架之上栏架神
轻萨台上白石神
房子神龛祖先神
房子一转纳察神

房上房背木比神
房背檐下简槽神
罩楼处的罩楼神
释比做法祖师神
房背梯子梯步神
房子正中中柱神
三楼上去管财神
东部方位羊神爷
东部之位平安神
楼中北方牛王神
男保护神欧逼母
女保护神嘎尔母
火塘之中的火神
上方火神通明神
上方安了你的位
一家之主就是你
火塘上方火神爷
水缸之处是水神
火塘尾处三足神

①甲杂神：羌语音译，译为汶川威州镇地方神。

房子之内人团聚
云雾一沟你招来
一沟一山凡人来
地上此位你坐稳
一天之内去三回
两天之内去六回
三天之内去九回
凡人意愿带上去
神的旨意传下来
好的带下传凡人
七月新粮来敬你
你不吃人不敢吃
你不喝人不敢喝
十月之时敬神时
刀头再加猪油饼
你不吃人不敢吃

三十初一要请神
你不喝人不敢喝
大年三十正初一
你不吃人不敢吃
你向神灵带个信
凡人心愿带上去
你向神灵带个信
凡人心愿带天庭
凡人美言带天庭
天地自然秽气散
田地自然无秽气
房中愿许落太阳
八方瘟神我自然

神灵保佑告九天
太阳西落又东升
斩妖杀魔不留情
中央神祇是玉文
白石有用去现身
乌云海中有八王
木王十寿始玉文
夏时来了患病痛
天上日月不明亮
地源不吉草不生
今天弟子解天愿
日月明亮云雾散
释比祈天求太平
解秽之后百草生
生日原位红銮殿
死日原位归雷外
鱼兵虾将归江海
皇帝旨意皆详明
今日弟子解天愿
做法两天祖宗请
天地君亲和师位
香火台上来领受
请到川主土主神
今日弟子在安位
香火台上来领受
再请福禄四官神
今日弟子在安位
香火台上来领受
再请牛马二王来
今日弟子在安位

香火台上来领受
再请九天东厨司命
灶王夫君事事顺心
百事大吉安稳坐
再请天地诸神灵

保佑主家告平安
保佑主家无灾难
百年长寿子孙发
富贵双全富贵发
四处之地财源进

砍杉杆

自古有了成片地
这片地上长杉树
初年之时像颗针
次年发枝又发丫
三年长成像麻秆
长成膝盖一样高
四年长得齐了腰
五年之后冲林头
看见树长不是我
憨厚日麦走山人
看见杉树长成林
日麦腰间拴皮绳
白铁斧头背上挎
白铁斧头背上背
林盘之中选杉树
白铁斧头顺手取
手握斧头砍杉树
树梢树根都要砍
砍树必从根上砍
朝上倒呢朝下倒
看到树儿顺手倒
先削树丫再削皮

从根到头削树皮
鸡窝草来穿杉衣
杨柳条来拴腰带
草帽花来扮杉杆
解下腰间皮绳索
皮绳用来拴杉杆
杉杆拉出杉树林
杉杆拉出桦树林
杉杆拉出竹子林
顺路拉到歇气坪
杉杆拉到寨子上
杉杆拉到房边上
杉杆拉到纳萨上
神灵欢喜笑颜开
人笑山笑水也笑
这寨这家愿旗插
这家之人一撵出
病痛邪气全驱除
二撵便定八年内
病痛邪气全消除
三撵撵出是非去
是非口角全消除

一创进来人丁旺
二创进来财源广
三创进来大吉祥
猪牛肥壮谷满仓
一家烟火发百家
百家烟火发千家

杉树成林绿遍山
云雾一样盖满天
杉树苗子满山发
葱子一样根须多
诸神高兴又欢喜
神笑人乐好喜庆

敬门神

一请大门将军爷
二请二门土地神
三请三门大门神
四请四门财神爷
列位诸神已请到
列位专管财喜福
列位专管智和慧
病痛灾难你关门
好事进门你大开
左青龙来右白虎

豺狼虎豹你莫进
邪魔病痛你走开
出门左手挣回金
出门右手挣回银
挣回黄金称不完
挣回白银量不完

山羊要吃黑刺果
绵羊要啃平地草
圈外养肚
圈内养膘
日长千斤
夜长八百
牛羊成群
骡马成片

没有忧伤和哀愁
没有灾祸和畏惧
没有是非和口角
要把不洁赶出去
赶到九条山沟外
赶到九匹山梁外
保佑平安与吉祥
幸福安康年年顺

敬灶神

今天是个吉祥日
有请灶公和灶母
灶王府君有神职
火神菩萨寞耶斯
今天腊月二十三
要到天上报平安
好的信息带到天
忧事坏事怀中藏

说到主家这一家
勤俭持家过一年
平安吉祥到年底
烟囱一根发九根
神杆一根发九根
青稞根部无病害
青稞吊子鸟不啄

年底庄稼又丰收
田里庄稼割不完
地里粮食背不完
积杆压得粮架弯
笼中粮食堆不完

吃不完来用不尽
楼下猪羊又成群
房顶蜂房养满蜂

火塘上方镶金边
火塘两边镶银边
火塘下方放满柴
家中客来不间断
三脚上面无空闲

不和邪恶坏事交
一处是好九处好
九处好事没沾邪
鸡蛋石头永不碰
斧头石子不相撞
老虎豺豹不相斗
田地界桩永不倒

只要这些都灵验
主家素食供奉你
九品香蜡供奉你

颂木匠

木匠阿妈生下他
一年长一岁
两年长两岁
三年长三岁
四年长四岁
五年长五岁
六年长六岁
七年长七岁
八年长八岁
九年长九岁
十年长十岁
十一年长十一岁
十二年长十二岁
十三年长十三岁
十四年长十四岁
十五年长十五岁
十六年长十六岁
十七年长十七岁
十八年长十八岁

满了十八学木匠
学会木匠谢了师

要到山上砍木头
砍木斧子扛在肩
凿木锛子扛在肩
拉木绳子搭在肩
背起山羊毛毯子
火镰白石别在腰
牛皮尺子带在手
墨斗夹在胳肢窝
穿上一双云云鞋
一路朝山走上去

他从山路走上去
他从沟头走上去
走拢杉木盘林中
东看西看没看到
最后看到杉木树
就把斧子拿下来
袖子挽起把树砍
左砍右砍砍倒树
拿出尺子量了量
要多长就宰多长
墨斗拉起弹了线

举起锛子锛起来
一锛锛成四方料

掏出绳子拉木头
绑起木头朝下拉
拉拢山沟解了绳
木头一溜进阴曹
阴曹之人出来问
拉木之人是哪位
木匠回答是我拉
木匠木头没有要
转回上山又砍木
一直没有回家中

阴曹派个老人家
木匠家里找木匠
要去阴曹修房子
木匠阿妈屋里回
儿子不在家里面
已到山上放牛去
已到山上吆野兽
已到山上放马去
已到山上吆山羊
已到山上放绵羊
已到山上吆猪去
至今还没回家中

老人上山找木匠
要喊木匠去修房
木匠回答没时间

木匠回答搞不赢
要给天神修宫殿
要给人们修楼房
要给野牛修杉棚
要给山驴修桦棚
要给青羊修崖窝
要给麂子修竹房
木匠回答搞不赢
我在享受升斗粮
我在享受白黑布
享受盘缠和刀头
木匠回答搞不赢

老人又到木匠家
向他阿妈说了谎
说你儿子要跟我
要到阴曹修房子
挂在柱上铁锯子
搁在门边磨刀石
四背木匠的家具
就被老人拿走了

木匠下山回了家
挂在柱上铁锯子
搁在门边磨刀石
四背木匠的家具
通通一律不见了

阿妈走来告诉他
老人让你去修房

第二章 建筑篇

骗我你已应了他
通通一律拿走了

阿妈阿妈你错了
阴曹地府去不得
妈妈阿妈你错了
我拿三碗野菜籽
三年我如没回家
顺着菜花来找我
送邪地方不找我
你要记得朝上找
不要朝下来找我

三年果真没有回
跑来一头黑骡子
木匠阿妈问骡子
回答你儿在阴曹
阴曹门口有怪兽
长狗嘴巴带邪气
要打你家的儿子
阴曹门口有怪兽
长猪嘴巴带邪气
要煮你家的儿子
阴曹门口有怪兽
长鸡嘴巴带邪气
要吃你家的儿子
阿妈请它找回儿
种庄稼要搞生产
家中白马许给它
骡子跑了没有去

走来一头大黑熊
木匠阿妈问黑熊
回答你儿在阴曹
阴曹门口有怪兽
长狗嘴巴带邪气
要打你家的儿子
阴曹门口有怪兽
长猪嘴巴带邪气
要煮你家的儿子
阴曹门口有怪兽
长鸡嘴巴带邪气
要吃你家的儿子
阿妈请它找回儿
种庄稼要搞生产
家中白马许给它
黑熊走了没有去

爬来一只土猪子
木匠阿妈问土猪
回答你儿在阴曹
阴曹门口有怪兽
长狗嘴巴带邪气
要打你家的儿子
阴曹门口有怪兽
长猪嘴巴带邪气
要煮你家的儿子
阴曹门口有怪兽
长鸡嘴巴带邪气
要吃你家的儿子
阿妈请它找回儿
种庄稼要搞生产

家中白马许给它
土猪跑了没有去

跳来一只灵猴儿
木匠阿妈问灵猴
回答你儿在阴曹
阴曹门口有怪兽
长狗嘴巴带邪气
要打你家的儿子
阴曹门口有怪兽
长猪嘴巴带邪气
要煮你家的儿子
阴曹门口有怪兽
长鸡嘴巴带邪气
要吃你家的儿子
阿妈请它找回儿
种庄稼要搞生产
家中白马许给它
灵猴真心去找寻

阴曹门口猴子到
守门之人询问它
你是神灵还是人
猴子回答守门人
既是神灵又是人
如果你是天上神
打雷法术来一段
如果你是地下神
请把木头吹成花
如果你是凡间人
撒出一把白羊毛

如果你是凡间人
撒出一把黑羊毛
如果你是凡间人
请你扛起大磨盘

猴子回答我能行
就在阴曹把雷打
木头吹成木刨花
一撒就是白羊毛
一撒就是黑羊毛
轻松扛起大磨盘

木匠就要出来了
阴曹门口挂着个
外面包草大石头
木匠刚走到门口
石头掉下砸死他

门口猴子哭起来
木匠阿妈已后悔
阴曹地府让你去
木匠死在阴曹地

三天以后敬木匠
会变马蜂飞进来
会变云雾飘过来
会变炊烟吹过来

三天以后敬木匠
变成马蜂飞进来
变成云雾飘过来

第二章 建筑篇

变成燃烟的火来

木匠阿妈来诅咒
骡子脑壳不得变
永永远远那么大
大森林里进不了
只在最高草坪上

木匠阿妈来诅咒
黑熊全身不变白
祖祖辈辈都是黑

木匠阿妈来诅咒
土猪一生不会长
祖祖辈辈长不大

木匠阿妈去祭儿
带了钱粮去祭他
回来时候招了财
回来时候招了喜
不准财和喜离开
从此财喜不分家
万事吉祥又安康

颂铁匠

长杉木树的地方
就会找到原铁矿
雪隆包上长杉树
雪隆包上有铁矿
有本事的人去找
没有找到原铁矿
铁匠自己去找矿
没有找着原铁矿
长角怪兽去撞矿
没有撞回原铁矿
长牙怪兽去啃矿
没有啃回原铁矿
大嗓门人去吆矿
没有吆回原铁矿
能背的人去背矿
没有背回原铁矿
手劲大的去抓矿
没有抓回原铁矿
脚力大的去踩矿
没有踩回原铁矿
长翅膀人去找矿
终于找回原铁矿

凡间这才有了铁
拿到日麦居住地
拿到铁匠打铁房
背来交给铁匠打
铁匠风箱风一吹
火星飞舞好吓人
铁匠风箱风一吹
火焰多高好吓人
生铁烧红又烧白
烧铁烧起铁花花
铁匠有团黄泥巴
铁匠有块磨刀石
铁匠火中取出铁
放到凳上就开打
原来生铁本是黑
一烧下去就变红
生铁烧红又烧白
铁匠打出铁工具
自此铁器种庄稼
原来生铁本是黑
一烧下去就变红
生铁烧红又烧白

铁匠打了一口锅
这是还愿煮肉锅
来到门口到地头
走到地头叫上山
铁匠打了二口锅
这是驱邪煮肉锅
来到门口到地头
走到地头叫上山
铁匠打了一把刀
这是还愿杀羊刀
来到门口到地头
走到地头叫上山
铁匠打了二把刀
这是释比的法刀
来到门口到地头
走到地头叫上山
铁匠打了把神杖
这是释比镇邪杖

来到门口到地头
走到地头叫上山
铁匠打了把弯刀
这是割雪箍弯刀
这是割水子弯刀
来到门口到地头
走到地头叫上山
铁匠打了把镰刀
这是割青稞镰刀
这是割麦子镰刀
来到门口到地头
走到地头叫上山
铁匠打了把斧头
这是砍杉木斧头
这是砍桦木斧头
来到门口到地头
走到地头叫上山
人间数它最厉害

打　铁

采铁神公吉比波
采铁神母吉姐珠
铁石本是天上来
采来铁块打三角
用时两天未打成
三足飞向铁矿山
眼力好的去找寻
有气力的去背回
挖出铁矿要用劲
背回铁矿花大力
快把风箱扯起哟
扯起风箱引燃火

燃火要用黑刺炭
炉砌石板大又宽
搬来石板来挡风
先打一根纳鞋针
大针小针打一根
纳鞋底针已打成
再打木匠的凿子
木匠锯片也打出
释比法刀要打好
拉起风箱打起铁
打铁之时屑飞溅
打铁之声震地天

敬铁锄

龙溪①寨主请到了　　　　纳吾⑥九寨主请了
全沟寨主请到了　　　　　卡于⑦寨主也请了
本寨寨主请到了　　　　　二里⑧寨主也请了
大小寨主请到了　　　　　木杂⑨寨主也请了
白鼓释比请到了　　　　　巴夺⑩寨主也请了
威州②寨主请到了　　　　白家夺⑪寨主请了
雁门③九寨主请了　　　　马灯⑫寨主也请了
茂州④官寨主请了　　　　龙溪寨主也请了
松潘⑤九沟主请了　　　　东门口⑬寨主请了

---

①龙溪：地名，汶川县原龙溪乡，现灞州镇。
②威州：地名，现汶川县威州镇。
③雁门：地名，现汶川县雁门乡。
④茂州：地名，现茂县。
⑤松潘：地名，现松潘县。
⑥纳吾：地名，原茂县三龙乡纳吾寨。
⑦卡于：地名，原茂县三龙乡卡于寨。
⑧二里：地名，汶川县原龙溪乡二里寨，现灞州镇所管辖。
⑨木杂：地名，汶川县原龙溪乡木杂寨，现灞州镇所管辖。
⑩巴夺：地名，汶川县原龙溪乡巴夺寨，现灞州镇所管辖。
⑪白家夺：地名，汶川县原龙溪乡百家夺寨，现灞州镇所管辖。
⑫马灯：地名，汶川县原龙溪乡马灯寨，现灞州镇所管辖。
⑬东门口：地名，汶川县原龙溪乡东门口寨，现灞州镇所管辖。

第二章 建筑篇

克枯董①寨主请了
绵虒董寨②主请了
尤溪③寨主也请了
灌县④张寨主请了
成都官寨主请了
皇城寨主也请了
各处寨主都请了
全沟寨主都请了
地方官寨主请了
释比师祖请到了
高山寨主都请了
平坝寨主都请了
本寨之主都请了
大小官员都请了
释比弟子请到了
哪条路上神要来
接了锄头来敬神
锄要翻山越岭来
道路不通神来助
此时凡民用条打
为了锄头花费力
耗费金银也值得
本地劳动要锄头
铁锄请到就会来
接的锄头今天到
开天辟地是锄头
兴家立业要锄头
种植树苗要锄头
挖地种粮要锄头
还愿祭祀要锄头
打黄泥饼要锄头
清理河沟要锄头
今天释比来接锄
锄不肯来用啥接
神不肯来用啥接
大肥猪膘做刀头
用来接锄锄就来
用去接神神就来
九年猪油大饼子
用去接锄锄就来
用去接神神就来
馍如星空有成百
用去接锄锄来了
荞面馍馍筛子大
用去接锄锄就来
青稞馍馍上百斤
用去接锄锄就来
麦面馍馍大又厚

---

①克枯董：地名，汶川县原克枯乡董寨，现灞州镇所管辖。
②绵虒董寨：地名，现汶川县绵虒镇董寨。
③龙溪：地名，现都江堰市龙溪。
④灌县：地名，现都江堰市。

用去接锄锄就来
锄跟后面马上来
神来时来锄就来
锄头一到灾难除
锄头一到病痛除
凡人用锄也有了
神灵用锄也有了
星辰用锄也有了
猩猿用锄也有了
修山路锄也有了
全寨用锄也有了

普天下锄都有了
释比唱词都有了
喇嘛经里在唱锄
道士经里在唱锄
天宫城里有了锄
地下人间有了锄
凡间日麦有了锄
现在已把锄说完
锄的好处都说完
有了锄了祛灾疾
有了锄了祛瘟疫

第三章 节庆篇

狩猎节

阿巴日麦比斯①哟
今年年间已过完
狗年过去猪年来
上月月份已过完
本月月份已来到
今天是个吉祥日
一年一度狩猎节
一年一度男人节
村中男女与老少
带上香蜡和贡品
牵上祭祀还愿羊
抱着放生红鸡公
敬阿巴日麦比斯
开天辟地之日起
赐予日麦有飞禽
赐予日麦有走兽
赐予日麦有万物
教化日麦封神山
指导日麦开山门
封山开山有来头
封山开山是古规
封山为了养飞禽
封山为了养走兽
封山为了养木料
开山为了养子孙
开山为了补神庙
开山为了修寨房
供予日麦肉与皮
供予日麦柴与木
世世代代有肉吃
世世代代有皮披
祖祖辈辈有柴烧
祖祖辈辈有木砍
今天是个吉祥日
最肥野牛背回家
最美野鹿抱回家
最好山鸡领回家
笔直木料扛回寨

①阿巴日麦比斯：羌语音译，译为天神。

载歌载舞祭山神
山林日麦为家园
飞禽日麦是朋友
走兽日麦是近邻
今天过完狩猎节
今天过完男人节
爱护山林像眼睛

珍惜飞禽像朋友
保护走兽像近邻
一年一度狩猎节
一年一度男人节
不是今天才兴起
来自祖先的古规

耍狮灯

自古日麦兴耍狮
耍狮本是天宫戏
讷达则①兴舞狮灯
自古日麦兴耍狮
正月里来闹花灯

年年有个正月正
家家户户点红灯
门神对子两边贴

这道龙门高又高
门前一对石狮子
龙门子上挂灯笼
风吹灯笼团团转

左右贴的吉祥物
门神对子两边贴
左边贴的摇钱树

右边贴的龙抱柱
左边还原右边露
左边开门金鸡鸟
右边开门凤凰飞

狮子进门看四方
四根柱子顶中梁
中梁本是檀香木
四柱正立顶中梁
上梁本是檀香木
下梁本是四盘香

堂屋中间有棵藤
年年开花十二层
烧个火塘方又方
每个方位都分明
家之主人你为先

①讷达则：羌语音译，译为天神。

这家神龛修得好

四方都是花角镶
中间搁的檀香炉

玉盏长明万岁灯
金炉不断千年火
两边插的金蜡烛
玉盏长明万岁灯

狮子乾坤圆又圆
右边插了三炷香
九对蜡烛两边插
两边插的九对蜡
九对蜡烛两边排

一对青龙往上盘
中间插的一炷香

左盘三转生贵子
右盘三转点状元

荣华富贵在你家
状元头上插金花
端茶递烟忙不停
主家老幼都热情
端茶递烟忙不停

这张桌子四角方

四方都是乌木镶
乌木筷子来夹菜

圆圆都是摆的菜
四个圆盘摆中间

后代子孙做高官
一根板凳三尺三
后代子孙做高官

谢你茶酒谢你烟
阳雀过山远传名
狮子头上九个宝
和尚头上有点红
狮子头上有点金
金银财宝滚进来

狮子头上有点青
清清闲闲过一年
狮子头上有点白
白事顺序过一年

明中去来暗中来
感谢你来酬谢你
多谢主家大发财

过年金狮送宝来
祝愿主家早生子

闹花灯

下　灯

小小狮灯星红地
朝殿朝堂贺新春
答谢亲友主人恩
正月欢舞闹元宵
同耕劳作一亩田
同乡居住一家人
恭喜主家发大财

扫　灯

正月正来正月正
唐王制下闹花灯
人过年来草过春
家家门前挂红灯
天灯原敬天上神
添福添寿添人灯
门前有对金狮子
堂前有对状元灯
堂中有个福寿主
金银财宝滚进来

主要财门高又高
左拜开门金鸡叫
右拜开门凤凰声
门神对子两边排
左边贴来摇钱树
右边贴来聚宝瓶
耍灯之人进财门
惊动门神二将军
狮子进门看四方
四根柱子顶中梁
堂屋中间一根藤
冬季开花闹成城
上梁本是檀香木
下梁仍是紫檀香
堂屋中间一面桌
张郎采木鲁班装
四方同起云牙板
中间摆的酒香盘
盛装杜康酒一瓶
一个香炉圆又圆
外有圆来内有宝

中间奉起三炷香
香烟好比龙摆尾
烛花麻如凤点头
柏枝香烟敬天神
金炉不断千年火
玉盏常照万岁灯
左转三转生贵子
右转三转状元郎
状元头上插金花

荣华富贵到主家
这方主人财币兴
一文去了万文来
明中去了暗中来
多谢你来诚谢你
言过山来言传名
金银财宝滚进来
是非口角扫出去

瓦尔俄足[①]（一）

五月初五动天神 　　海子旁边耍石子
五月初五去祭山 　　一天一天又一天
五月初五去砌塔
五月初五去许愿 　　水神儿子名叫崩
五月初五去还愿 　　看见女子耍石子
祭山地点有人去 　　一天一天又一天
还愿地点有人来 　　他从天上下凡间
大愿小愿日麦许 　　要和女子耍石子
大愿小愿日麦还 　　一来一去心中爱
惊动天神有专人 　　一来一去心中念

五月初五有来头 　　水神儿子名叫崩
要敬日麦的女神 　　要叫女子男家坐
要敬什贝尔尼姐[②] 　女子不知家何处
什贝尔尼羌家女 　　男子说家海子里
她去山中放山羊 　　女子不敢海中去
她去山中放绵羊 　　男子给她教了法
海子旁边砸白石 　　站在身后牵衣襟

[①]瓦尔俄足：羌语音译，译为五月初五，即羌族的妇女节。
[②]什贝尔尼姐：羌语音译，传说中羌族的一位女神。

两眼紧闭随他走
终有一天到男家
男家房屋黄金铸
男家梁柱白银浇
房屋建造像神庙
女子一住三年到
已为男子生龙胎
龙胎一生为一对
女子想念家中老
要回家中去望母

一回托梦家中母
老母不信女子梦
山中放羊三年多
我在人间找三年
此时托梦要回屋
我的内心已冰凉

二回托梦家中母
五月初五吉祥日
我要回家带神来
要把神龛抹干净
火塘上面柴放好
水缸里面水装满
家中楼板扫干净
门口楼梯扫干净
门外巷道扫干净

五月初五已来到
女子起身要回娘

男子为她准备礼
一箱装着黄金来
一箱装着白银来
最后一箱装龙胎

女子回到家中去
看见门道未扫净
看见楼梯未扫净
看见楼板未扫净
看见水缸未装水
看见火塘未放柴
看见神龛未抹净

女儿回家抹神龛
女儿回家抱柴放
女儿回家扫楼板
女儿回家扫楼梯
女儿回家扫巷道
女儿出门背水去

神龛左放黄金箱
神龛右放白银箱
中间放着龙胎箱
出门叮嘱莫打开
女儿出门背水去
老母打开黄金箱
老母打开白银箱
中间一箱为何物
中间一箱一打开
一对龙儿探头来

老母吓得没了魂
一手盖住箱子盖
一对龙胎双毙命
女儿背水有感应
急急忙忙回家去
看见胎儿没了气
哭着对着母亲说
我已托梦您老母
五月初五吉祥日
我要回家带神来
门外巷道未扫净
门口楼梯未扫净
家中楼板未扫净
水缸里面未装水
火塘上面未放柴
屋中神龛未抹净
哭着对着母亲说
中间一箱莫打开
我的叮嘱没放心
神的儿子现已亡
如何叫我回男家
回到男家要说我
回到男家要打我
回到男家要杀我
山中海子带信来
海中起泡在骂我
海中起纹在打我
海水变红杀了我

老母送女到海边

一股云雾带女走
先是海水起了泡
后又海水起了纹
最后海水没变红
男家骂她又打她
最后想着灭人烟
女子跪哭求了情
家中丈夫不听劝
区区凡民害天神
要把人烟收干净
狂风暴雨吹起走
地下涨水淹没完
天摇地动埋下面

什贝尔尼姐
一回请了神释比
要他去劝天上神
释比劝了神不听
什贝尔尼姐
二回请了神释比
要他去劝天上神
日麦知道犯了错
日麦知道背了过
要是天神开通了
日麦要给他许愿
日麦要给他还愿
日麦要给他修塔
大愿小愿都要还
要是天神开通了
日麦山中要护林

日麦河中要顺河
天上要敬神
凡间要爱人

释比二回去劝神
日麦知道犯了错
日麦知道背了过
要是天神开通了
日麦要给他许愿
日麦要给他还愿
日麦要给他修塔
大愿小愿都要还
要是天神开通了
日麦山中要护林
日麦河中要顺河
天上要有神
地下要有人
两者都要有
二者不可缺

天神开了恩
凡间才热闹
每年一到五月五
村村寨寨去祭祀
许了小愿许大愿
还了小愿还大愿
敬了天神敬女神
日麦子女得平安
日麦物产得丰登
日麦六畜得兴旺

羌家子女莫相忘
天上天神开了恩
什贝尔尼救了世
五月初五砌塔日
五月初五许愿日
五月初五还愿日

载歌载舞庆平安

瓦尔俄足(二)

吉祥之日吉祥颂
旧年过去新年来
旧月过去新月来
猪年过去的鼠年
鼠年五月初五日

天下日麦齐准备
老者带头少者随
带上香蜡与酒肉
赶到塔下敬奉你
你是日麦的恩人
你是人类的福气

要保人类无灾难
要保人类无病痛

赶走狂风和暴雨
迎来风调和雨顺
田地庄稼根无病
青稞吊子鸟不啄

青稞麦子黄又长
地头庄稼割不完
田里粮食背不完
每年到了这一天
天下日麦敬奉你

粮食丰收你先尝
酒坛开酒先敬你
桌上肉菜你先吃

瓦尔俄足（三）

今天五月初五日
九品香蜡已备齐
寨众进山敬天神
先敬天神之日神
再敬天神之月神
先敬天神之星神
再敬地神吉塔神
先敬塔神巴甲禾
再敬塔神九勒禾
先敬塔神俄格秘
再敬塔神俄隋勒
先敬塔神波石德
再敬塔神喜碧斯

先敬塔神嚓俄布
再敬塔神泽俄喜
敬完天地之诸神
祈祷天下得太平
祈福人间无病痛
祈求五谷又丰登
五月初五吉祥日
想到啥就会来啥
念到啥就会是啥
做到啥就会成啥
偌……偌偌……
偌……偌偌……
祈福之信带上天

瓦尔俄足（四）

今天是个吉祥日
五月初五要过完
男女老少已敬神
男女老少转了山
男女老少念了经
咂酒坛子现了底
太阳馍馍已啃光
月亮馍馍只剩边
九品香蜡已燃尽
东山太阳西山顶
天色已暗虫已鸣
仰望苍穹繁星点
青年男女意未尽
躺在草坪数着星
来首欢歌又雀舞
老者兴高眯了眼

小孩抱着肚皮笑
大家忘记天已黑
大家忘记回家路
山腰之处闹翻天
山脚之处静悄悄
颈上银圈发银光
星星银圈铿亮光
长者带头颂着辞
少者后面跟着和
今年
五月初五已过完
明年
五月初五再祭塔
虔诚之心不可无
还愿之事不可丢

羌 年

天上阿爸木比塔
家中所列祖宗神
吉祥之日吉祥颂
旧年过去新年来
旧月过去新月来
猪年过去是鼠年
鼠年十月初一日
天下日麦最欢庆

天下日麦过新年
祖祖辈辈过新年
寨房内外整干净
男女老少穿新衣
金银耳环穿两耳
金银首饰挂满襟

今天是个吉祥日
如何想念如何成
如何说话如何好
如何干事如何美
上山不会让你冻
下山不见凌帽子

这边唱歌那边回
猎狗撵山莫空回
空手能在悬崖爬
空脚能在悬崖走
空手伸出没空回
心想也能满足你
手上财喜抓不完
口里粮食吃不完
东南西北四方走
每方能带好运来
遇见好的带回来
遇见美的带回来
遇见大喜带回来
遇见吉利带回来
一切不怕做不到
一切只怕想不到
二十四个翘元宝
不滚出去滚进来
空手出门抱财归
天下日麦像火旺
天下日麦像酒发
平安吉祥幸福年

十二月（一）

日麦自古会颂辞
日麦自古要颂辞
日麦颂辞天上来
天上木姐带凡间
日麦颂辞木姐教
祖祖辈辈传下来
子孙后代辈辈传

正月里来正月花
日麦要唱迎春花
河坝地头草木醒
岩上开满金黄花
金黄迎春花儿开
四处挂满迎春花

二月里来二月花
日麦唱的是桃花
山上山下桃花开
红色桃花四处开
桃花香气四处飘
红布毯子四处挂

三月里来三月花
日麦要唱茨儿花
石堆边上茨花开
白色茨花四处开
茨花香味扑满鼻
麻布边儿墙上挂

四月里来四月花
日麦要唱藤子花
藤子花儿高高挂
树上树下藤子花

五月里来五月花
日麦要唱喇叭花
喇叭花儿岩上开
坎上坎下粘满花

六月里来六月花
日麦要唱麦子花
麦子积得金灿灿
九条山沟黄金铺

九条梁子黄金条

七月里来七月花
日麦要唱荞子花
边边角角荞花开
粉色荞花衣襟边
地边地角上了色

八月里来八月花
日麦要唱羊角花
羊角花开分时节
山下开来山上开
白色开了红色开
你唱歌儿我来和
热热闹闹满山间

九月里来九月花
日麦要唱六色山
雪泡下起换了装
红色黄色都穿尽
男儿山上花了心
女儿下山揪了心

十月里来十月花
日麦要唱雪隆包
神山戴上新帽子

神山披了羊皮挂
白色帽子白色衣
房顶白石又精神

冬月里来冬月花
日麦要唱白雪花
雪花飘到房背上
房背抹了银光粉
雪花落在水中间
落在哪里都不见

腊月里来腊月花
日麦要唱凌冰花
大河小沟都结冰
河边沟边冰花挂

腊月三十要颂辞
天下日麦还大愿
释比口中请神来
释比口中祈平安
九品香蜡要供起
刀头馍馍要奉上
送了旧年迎新年
送了旧月迎新月
今天就是吉祥日
今天就要吉祥颂

十二月（二）

正月这月属啥月
这月之中啥景象
水沟花儿正开放
从低到高开满沟
二月这月迎春花
从低到高满山坡
三月桃李正开放
春色满园气象新
四月时值好风光
从低到高草青绿
五月之时好季节
布谷声声催禾长
六月正是黄金时
青稞麦子都成熟
丰收麦儿满栏架
七月荞子花正开
遍山遍坡花儿红
八月男子田中立
手把犁头耕地忙
木制锄钩种冬麦
又是来年播种期
九月打霜在山巅

高山草儿变枯黄
麻雀野鸟低处游
金黄素装扮高山
这月时节已到了
河边沟底银白色
十月一来羌历年
打整房背皆干净
房顶神像白石有
此处就是请神处
做官做民来集中
不做民事做神事
敬请神灵是这月
日麦迎来十一月
杀猪宰羊皆欢喜
十二月来啥月份
一年过来十二月
过完该月换新年
一月之中三十日
度过三十又一月
天上一年复一年
甲子属相又一换
一年还愿是公羊

肥壮公羊还了愿
猪愿还后鸡还愿
鸡肥实在当头猪
竹子做旗来插上

白纸做旗已交涉
神来享用笑开颜
人神相聚最欢乐

十二月（三）

正月里来说春节
家家户户吊红灯
初九吉日耍狮子
十五夜晚收狮灯
二月春分渐渐暖
万木苏醒鸦雀叫
唯有冬花早报春
今年春来特别早
三月正是数九尾
雨露阳光宜大地
草木绿色柳条絮
坟山祭祖飘白纸
四月日时顶长空
农时农活好日头
麦地见黄兆丰年
立夏绵雨兆丰年
五月麦穗金灿烂
农家收种忙不停
新麦面馍香喷喷
雄黄美酒送端阳
六月伏季火热天
清贫富贵难分明
汗水下流田间立
扇子两扇凉涵涵

七月有个七月半
祭祀祖宗烧符纸
季节交替逢风月
凉爽秋风多舒坦
八月熟果遍地见
割草秋肥正时机
十五中秋不虚传
家家户户尝月饼
九月有个重阳节
日麦造酒在九月
重阳酿酒醇又香
田间地头闻酒香
十月雪花飘又飘
农家田里忙冬耕
催喂肥猪正当时
备足柴火好过冬
冬月寒冬火塘红
全家围火乐融融
喜庆丰收衣食足
高高兴兴杀年猪
腊月三十团聚日
家家门口鞭炮鸣
夜间花炮天空舞
明年定是好年成

第四章 仪式篇

柏枝洁净

太阳出来光夺目
白云出来亮四面
星宿出来星光闪
月亮出来光皎洁
黑云出来雨降落
红云出来阳光照
释比请走邪气除
柏枝请来四季安
天空凤凰和孔雀
保家吉祥和安康
悬崖藏有豹和虎
出了邪气要驱除
大海深处鱼和龟
出了邪魔要驱除
地面奔跑狼和豺
出了秽气要驱除
家里神龛柏枝熏
人寿安康万事顺

牛儿不发柏枝熏
牛儿发展又壮大
一头发展变九头

马儿不发柏枝熏
马儿发展又壮大
一匹发展变九匹
马儿不肯驮东西
拿来柏枝来熏它
马儿听话又肯驮
羊儿不发柏枝熏
羊儿发展又壮大
一只发展变九只
一群发展变九群
平地自由去吃草
下午进圈按时归
喝水吃草都安然
进圈也要摇尾巴
猪儿不发柏枝熏
猪儿发展又壮大
上把位上没猪膘
拿来柏枝来熏它
主宾来了有肥膘
下把位下没猪膘
拿来柏枝来熏它
次宾来了有猪膘

鸡崽不发柏枝熏
鸡崽发展又壮大
鸡崽鸣叫清脆声
鸡崽翅膀能飞翔

山顶找到羊草树
男女砍倒羊草树
纸钱熏树许还愿
熏了神龛神旗位
熏了神龛祖宗位
熏了家业茂盛愿
险峰找到红点树
左右开弓砍倒树
背回树干剃了丫
树丫分类细致捆
熏燃树丫许还愿
熏了神龛神旗位
熏了神龛祖宗位
熏了家业茂盛愿
险峰找到老鸹树
左右开弓砍倒树
背回枝叶削了丫
枝丫分类细致捆
熏燃枝丫许还愿
熏了神龛神旗位
熏了神龛祖宗位
熏了家业昌盛愿

凡间一切都安好
熏了地面三官神

熏了水源一千神
熏了神界一百神
天上木比数最大
不收香蜡和供品
拿来柏枝熏了它
天神高兴来领受
许愿还愿成功了
阴天太阳藏不露
拿来柏枝来熏它
夜晚月亮不明亮
拿来柏枝来熏它
太阳出来光四射
月光明亮光皎洁
天上雨水不降落
拿来柏枝来熏它
地上庄稼不肯熟
拿来柏枝来熏它
天上雨水普降地
庄稼年年得丰收
神林神庙和界地
许愿还愿不肯收
拿来柏枝来熏它
神林神庙和界地
许愿还愿成功了
三岔路口还鸡愿
鸡愿还是不肯收
拿来柏枝来熏它
鸡愿敬奉成功了

祭祀之地不插旗

祭祀之地不插香
拿来柏枝来熏它
祭祀地杉杆不举
祭祀地神旗不插
拿来柏枝来熏它
插旗插香成功了
杉杆直端插立了
兄弟之间不团结
兄弟之间不和睦
拿来柏枝来熏它
父子之间不尊重
拿来柏枝来熏它
兄弟团结又和睦
父子相互来尊重
父没教育好儿子
拿来柏枝来熏它
母没教育好女儿
拿来柏枝来熏它
父亲教好了儿子
母亲育好了女儿
上把位上的父子
父子不和睦相处
拿来柏枝来熏它
下把位上的母女
母女不和睦相处
拿来柏枝来熏它
父子和睦来相处
母女和睦来相处
火塘四方灰尘满
拿来柏枝来熏它

火塘中间没火种
拿来柏枝来熏它
水缸里面没泉水
拿来柏枝来熏它
火塘四周净洁了
火塘中间有火种
水缸泉水满荡荡
火塘三脚没舌头
拿来柏枝来熏它
火塘三脚有舌头
火塘没有铁三脚
拿来柏枝来熏它
火塘有了铁三脚
大门将军不迎好
拿来柏枝来熏它
大门将军不挡坏
拿来柏枝来熏它
大门将军迎好人
大门将军挡坏人
墙面壁板装不起
拿来柏枝来熏它
墙壁内外没砌完
拿来柏枝来熏它
墙面壁板装完了
墙壁里外都砌完
粮仓柜子没装完
拿来柏枝来熏它
钱财银两没储藏
拿来柏枝来熏它
粮仓柜子装完了

钱财银两有储藏
水浑污秽不好喝
拿来柏枝来熏它
咂酒不醇不好喝
拿来柏枝来熏它
烧水洁净又好喝
陈年咂酒又醇香
干旱五谷无收成
拿来柏枝来熏它
干旱五谷无储藏
拿来柏枝来熏它
五谷丰收归了仓
五谷丰收有储藏
家中没有腊猪膘

拿来柏枝来熏它
家中没藏腊猪膘
拿来柏枝来熏它
家中有了腊猪膘
家中藏有腊猪膘
敲打圣鼓还了愿
拿来柏枝来熏它
戴正法帽做神事
拿来柏枝来熏它
祭祀法事做完了
拿来柏枝来熏它
祭祀法事一结束
拿来柏枝来熏它

清水洁净

凡人生存在天下
人们发展成了群
人们成群神护佑
众神居位在天堂
没有神佑事不成
世间凡人要洁净
与人不往不可能
此水看来是啥水
是那山中圣洁水
高山来水我喜爱
此水看来是啥水
那是大河常流水
大河之水我喜爱
此水看来是啥水
此水确是山中水
山水洁净我喜爱
干净之水来解秽
干净之水来洗净
神人干净来解秽
要把石头洗干净
为啥事情请我来
是谁在哪请我来
此地很多人都去

林中请来很多人
山腰处所有人去
石头拿到房高处
然后提上还愿物
还完大愿要掐算
是用油榨或盘香
为啥黑烟会起雾
油榨盘香飘黑烟
四面八方都飘散
不净之处都飘浮
解了秽气都干净
九方九处都驱净
不干不净来解秽
不干净的来洗净
神用之水来解秽
石头不净来洗净

天宫之上天神爷
这村这寨的众人
在天宫天神爷前
还大愿和还箭愿
还天愿和还喜愿
还给财神还财愿

在天宫天神爷前
还大愿和还大旗
这村这寨这些人
栏架杆杆财来处
等财来和等喜来
财喜我们等来了
天宫天神爷面前
神事不净秽解了
人事不净秽解了
男女不净来解秽
女男不净来洗净
东西秽气解秽了
穿戴之物洗净了
男女不净秽解了
女男不净来洗净
产妇秽气来解秽
护产妇秽气解了
神的秽气来解除
白石不净洗干净

日麦敬奉木比塔
圣洁和高尚的神
山巅之处是山神
威州之地多察神
寨与寨有十七寨
还愿地所用枝条
雪隆包上都有了
房顶坝上有神位
房顶之上纳察神
插旗枝条排得好
十二枝加十三枝

碉房上咯哈拉神
房顶四周四角神
这村这寨这众人
为天神爷还大愿
还大箭来还天愿
还喜愿和还财愿
在天空天神爷前
还大愿和愿旗时
这村这寨这众人
栏架上等喜到了
等待的财运到了
在天空天神爷前
做神事时来解秽
做人事时来解秽
男女秽气来解除
女男秽气来解秽
护产妇秽解除了
穿戴物秽气解除
男女秽气解除了
女男不净洗干净
产妇秽气解除了
护产妇秽气洗净
神前不净来解秽
白石不净洗干净

日麦敬奉木比塔
是圣洁和高尚神
山顶之巅高山神
威州之地多察神
寨与寨有十七寨
还愿时所用枝条

雪隆包上都有了
横梁上面是房背
房内安有各神位
保佑家中男和女
保佑羊牛等牲畜
天神上千地神百
神位秽气来解除
人位秽气来解除
男女秽气来解除
产妇秽气来解除
所有秽气来解除
穿戴秽气来洗净
用水秽气来解除
白石不净来洁净

男女专职保护神
儿子出门你保护
儿子吉祥你保佑
打枪放狗有收获
想不起来要指点
说不出来教他说
看不见的要他见
没走到处要走到
快要断的要他接
要撕破的要他缝
三星娘娘大尊神
护佑怀胎的娘儿
保证母子都平安
婴儿降生全平安
像倒钩棘生长快
婴儿壮如倒钩棘

五匠之神师祖爷
家中供是祖师神
叔辈之上是师祖
弟子出门跟上他
弟子回来跟着来
看不见的叫他见
要扯断的快接上
要扯烂的快缝上
牛王神和马王神
护好这家猪和羊
耕牛牦牛看护好
这家之中的六畜
一群发展为九群
一山九梁都亮开
平平安安走过去
平平安安再回来
荆棘丛里刺不扎
锋锐之物不伤身
刺和锐物都避开
水中来去保平安
水草丰盛有草吃
一头发展为五头
五头发展为百头
百头发展为千头
太阳亮光来照耀
月亮光照来护佑
犹如星星撒满天
长得好和长得快
六畜兴旺大发展
家中男神与女神
男神就是当家神

女神则是内当家
男神主意传女神
女神主意传男神
这家男神有主见
神出主意来相助
女神管家神相助
走过木梯上房背
粮食堆积满房背
粮食堆积装满柜
仓房粮食装不完
房内四周角角神
管理进出后门神
这家有你的神位
房内四角你稳坐
此处神位永属你
保门的将军门神
在这家今年之中
这月中是非口角
还有那三灾八难
全部统统都赶走
有那官司和滋事

残害牲畜也赶走
门神将此拦门外
今年和这月之中
家中不净要清除
邪魔鬼怪要驱除
你要在门外把关
把邪怪及不顺事
永远阻拦在门外
将邪怪拦在门外
家人清净平安了
今年这月来喜事
高兴之事都来了
三星娘娘送子来
人丁兴旺六畜发
进财进宝喜临门
官运通达释比来
银钱丰厚财源广
粮食丰收装满仓
魂魄归回此家园
门神将它放进来

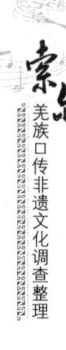

上愿洁净

师徒凡间众人
在此地在周围
焚香敬神之地
有秽气把秽解
凡民所用器物
有秽气把秽解
祭祀还愿之羊
羊角处有秽气
要解秽
羊皮毛有秽气
要解秽
羊蹄足有秽气
要解秽
还愿神旗有秽气
要解秽
青稞籽上有秽气
解去了
供奉刀头有秽气
解去了
青稞粮食上秽气
解去了
虔请神灵来享用

还愿洁净

神树祭祀还愿地
羊皮鼓经已唱完
唱了鼓经敬神鼓
唱完神鼓该唱啥
唱完鼓经唱万物
神把天地分开了
神分天地已唱完
唱完万物该唱啥
要唱解秽洁净经
秽公名叫细夺比
秽母名叫卓吉珠
解秽祭品是羊子
解秽要有叫鸣鸡
释比解秽要雄鸡
要用雄鸡来除秽
一家之中撒青稞
青稞籽撒了解秽
一家之中撒麦籽
麦籽撒了来解秽
爬山十九道梁子
野牛陷阱铺索套
索套铺上套了啥

就把野牛套住了
释比拿羊来解秽
铺上套索又套住
牛绳索套套野猪
山中套了野猪来
释比拿它来解秽
铺上套索又套住
此时套的是雄鸡
雄鸡捉到神位前
释比用它来解秽
上述动物作祭品
得了病的别叫喊
释比做法邪驱除
拿湿树枝来解秽
山梁地方水在流
白黑黄水有三股
白水洒在神位上
神位之处来解秽
黄水用来洒病人
来为病人除解秽
黑水用来路边洒
就把邪气解除掉

三块石头出高山
一块白石敬神坛
一块黄石来解秽
一块黑石来驱邪
刺树丫枝驱邪怪
释比就把秽解除
百样树枝拿在手
百样枝条秽解除
百草条子拿在手
百草条子秽解除
高山羊角把秽解
神位地方来解秽
众人地方秽解除
释比唱完解秽经
解秽法事已做了
唱完解秽该唱啥
唱完解秽再敬神
天宫之上诸神灵
成百神灵秽解除
凡间千人秽解除
吉日时候来解秽
好的日子来解秽
十二尊神秽解除
地方各神秽解除
神的坛前秽解除
所有神旗来解秽
财码香蜡来解秽
九品香火来解秽
酒和菜上来解秽
敬酒刀头来解秽

四大天王秽解除
小寨子的嘎巴神
和喜哈神秽解除
家中男神秽解除
家中女神秽解除
公羊之愿秽解除
鸡愿之中秽解除
借用今天好吉日
在场男女秽解除
杨柳枝条来解秽
桦树杉枝去解秽
坏心眼做坏事的
驱赶出五里之外
破坏许还大愿的
驱赶出五里之外
砍神林和拆庙宇
驱赶出五里之外
吃人害人的毒鬼
驱赶出五里之外
有偷牛做恶家人
这家之邪全驱除
驱到八山九沟外
在此地这家之中
家神吉日来解秽
凡家好日来解秽
今天是个吉祥日
今天是个好日子
坏心眼做坏事者
驱赶出五里之外
破坏许愿还愿的

驱赶出五里之外
天宫中十二神前
坏心眼做坏事者
驱赶出五里之外
做坏事破坏还愿
驱赶出五里之外
搬弄是是非非人
驱赶出五里之外
整人害人教唆的
驱赶出五里之外
四大天王小寨子
嘎巴尔喜哈神前
起坏心和做坏事
驱赶出五里之外
破坏许愿还愿的
驱赶出五里之外
砍神林和拆庙宇
驱赶出五里之外
神灵面前说倒话

驱赶出五里之外
坏民风不正道者
驱赶出五里之外
神公之首说到了
神母之首搭上桥
还愿上起坏心人
驱赶出五里之外
破愿坛放阴水人
驱赶出五里之外
砍神林拆神庙人
驱赶出五里之外
今天是个好日子
我把邪怪来驱除
还鸡愿起坏心人
驱赶出五里之外
出坏意干坏事人
驱赶出五里之外
一家居住才安全
有罪过的全驱除

愿物洁净

还愿之时先解秽
还愿之物要解秽
释比用物要解秽
枝条树丫要干净
所有物品都干净
男女都坐愿堂前
在场所有人或物
今天全都干净了
左手出右手归回
拿回禾苗和麻种
如遇天气不好时
左手出来右手回
进了虫害不祥物
没有看见红进来
神路解秽干净了
愿牛解秽干净了
不干净都没有了
不净之物碉阻拦
我来解秽多吉利
别人拿来有用处
拿来铁渣用于田
来物不好解了秽

来物不新解了秽
官员解秽掌好印
凡人解秽大吉利
释比解秽鼓拿手
释比来了解秽了
道路解秽好宽敞
解秽路后都丰顺
门道解秽大吉利
解秽门道更聚财
银矿白银更丰富
金矿黄金更丰富
铁矿黑铁更丰富
有了女儿兴嫁规
上把位是一家主
解了秽
家人兴旺又发达
解了秽
日麦青稞丰收了
解了秽
三星娘娘保童安
解了秽
释比向诸神还愿了

解了秽
皇帝城墙更稳固了
解了秽
雪隆包瑞雪吉祥了

解了秽
万事吉利春天来
雪隆包上雪融化

圣鼓洁净

芸芸众生敬奉天地
敬奉的神灵天上住
所有神灵都要敬奉
大地凡民有了吃穿
也有了敬奉的圣物
如果别人请你释比
你不去会得罪别人
看见了一潭圣洁水
这是一潭翻腾海水
这潭海水我真喜爱
看见了一潭圣洁水
这是圣洁的长流水
这条长流水我喜爱
看见了一潭圣洁水
这是一泓清的山泉
这泓清山泉我喜爱
八家来请到八家去
九处来请到九处去
我要用这些圣洁水
来给法鼓羊角解秽
神灵的秽气我来解
凡人的不净我来解

男女老少不干净
要来解秽来洗净
生孩妇女不干净
要来解秽来洗净
生孩带来不干净
要来解秽来洗净
生育所用的衣物
要来解秽来洗净
神灵撒了草的种
神灵撒了松木种
冬天种子埋土地
春天松木发了芽
松树一年长一台
两年长好成两台
三年长好成三台
四年长好成四台
五年长好成五台
六年长好成六台
七年长好成七台
八年长好成八台
九年长好成九台
十六年松树成材

这村这寨这里人
举行祭祀还大愿
老三肩扛砍松斧
拉木绳子搭肩上
白铁弯刀插腰间
火镰吊在腰间上
不吊左边吊右边
外添一双换脚鞋
他从白路走上去
从歇气坪走上去
他从深沟走上去
他往高山走上去
走进松树木林中
松树林中选又选
没见一棵中意树
再往上看不中意
往下看见满意树
老三取斧拿在手
袖不挽左挽右边
树不砍左砍右边
拿起斧头砍松树
不朝上倒往下倒
松木树子被砍倒
松木树干丈量好
松木树皮要削好

肩上取下拉木绳
绑好松木开始拉
高山之上拉下来
深沟之中拉出来
白路之上拉下来
歇气坪上拉下来
天上会首神会首
人间会首人会首
会首院坝神院坝
松木树干砍好拉
邻居家的三儿子
辛辛苦苦又劳累
天神要给释比说
不要三十斤白鼓
不要三十斤黑鼓
看这白鼓多白净
拿在手中真漂亮
大小尺寸刚合适
一沟敲响九沟听
一山敲响九山听
法鼓看来很洁净
白鼓黑鼓我不听
还愿鼓重四十斤
法鼓圣洁播远名

满月开坛

今年年间已翻过
本月月份也过去
猪年过去鼠年来
日麦算者已算过
吉祥日子已来到
九月初一吉祥日
天上今天不为难
地上今天不干扰
走在悬崖都不怕
渡过大河都安全
今天遇到好日子
天神也要祝福你
王者也要祝福你
男家女家要谢恩

今天遇到好日子
主家一人发九人
主家一家发九家
主家一家喜事多
主家一家去祭塔
神杆一年当九年

主家一家泡咂酒
一年泡了又一年
要泡三三见九年

主家喜事办不完
朝着神龛看上去
神龛开花开不谢
开了一年又一年
开了三三见九年
朝着进门方向看
烧饭煮菜做不尽
一年做了又一年
做了三三见九年
火塘要烧万年火
一年烧了又一年
要烧三三见九年
主家财运事运顺
儿孙满堂人兴旺
事事平安家业顺
男性旺
长者少者十二人

女性旺
长者少者十三人

玛比①啊
新郎是你的儿子
新娘是你的女子
咂酒好了先敬您
咂酒好了您先尝
世间凡人莫敢开
世间凡人莫敢尝

先要敬您火塘神
火塘要立三块石
先立一块为金腿
再立一块为银腿
后立石块为铁腿
一块是金铸
代表主家家事顺
一块是银浇
代表主家财运旺
一块是铁打
代表主家人丁兴

---

①玛比：羌语音译，译为天神。

满月颂

今天是个吉祥日
上不看天阴与晴
下不管地平与陡
远望世间很美丽
大吉之日无祸凶
大吉之日无病痛

今天娃娃满了月
吉祥日子这一天
主家又续了香火
主家一家添新人
寨房楼下降贵子
房背开满百种花
开了一朵开九朵

今天娃娃满了月
主家贵子福满天
降到贵府有田产
生在主家有房产
降到贵府有粮仓
生在主家有弓箭

降到贵府有长矛
吉祥物敬仰新人
灾星者规避新人
永不落地布谷鸟
坚固悬岩永不垮
万寡红岩不褪色

小孩成人会孝敬
小孩一生会平安
小孩一生无病痛
创下财产堆满山
要发子孙万万代
寿命犹如高山高
福分犹如大海深
贵子要活108岁

神啊神啊
只要小孩得平安
九品香蜡供不断
咂酒开坛你先尝
开席菜品你先吃

酿咂酒

来啊来大家来
团团围团团坐
围起坐好唱歌
我不唱就不唱
需要唱唱一段
无论唱啥子歌
要唱它唱最好

来啊来大家来
团团围团团坐
围起坐好唱歌
说石头黑色硬
说到柴青杠好
说到水泉水甜
说到粮青稞好
说青稞大田好
说麦子黑地好

来啊来大家来
团团围团团坐

围起坐好唱歌

八月来千千种
种千千没种麻
百百子种过了
种青稞种麦子
冬雪飘青稞笑
麦子笑正月来
青稞麦出了土
针一样出了土
二月来青稞麦
蛛网样发了箷
三月来青稞麦
叶子慢渐长大
四月来青稞麦
窝窝在抽了节
五月来青稞麦
窝窝在含苞了
六月来青稞麦
九坡沟叶苗黄

笛莫珠①镰挂腰
玛木珠②绳挂肩
笛莫珠出了门
玛木珠出了门
石梯子慢步走
平坝路快步走
歇气坪走到了
山坡上走到了
青稞地走到了
麦子地走到了
笛莫珠来回看
玛木珠来回看
青稞黄麦子黄
笛莫珠左右手
长袖子挽起来
玛木珠左右手
长袖子挽起来
挥镰刀开收割
一刀两刀三刀
青稞麦就一把
一把两把三把
青稞麦就一捆
十二捆一大背

来啊来大家来
团团围团团坐
围起坐好唱歌
笛莫珠玛木珠
青稞放在绳上
麦子放在绳上
青稞麦捆好了
青稞麦就背了
笛莫珠玛木珠
青稞麦山上背
长路上歇气坪
青稞麦背下来
来到了家门口
攀楼梯背上房

来啊来大家来
团团围团团坐
围起坐好唱歌
笛莫珠玛木珠
房背头木架上
青稞麦高高晾
晒三天晾三夜
青稞麦取下来
铺房背要脱粒

来啊来大家来
团团围团团坐
围坐起好唱歌

①笛莫珠：羌语音译，酿出咂酒的羌人祖先。
②玛木珠：羌语音译，酿出咂酒的羌人祖先。

笛莫珠玛木珠
左手袖挽起来
右手袖挽起来
木连盖舞动打
打过去打过来
打青稞打麦子
青稞粒铺房背
麦子粒铺房背

来啊来大家来
团团围团团坐
围坐起好唱歌
笛莫珠玛木珠
青稞麦打完了
左手袖挽起来
右手袖挽起来
木刮刮拿手中
刮青稞刮麦子
笛莫珠玛木珠
竹扫帚拿手中
青稞扫麦子扫
青稞堆起来了
麦子堆起来了
青稞背篼里装
麦子背篼里装
笛莫珠背一背
玛木珠背一背
青稞背下来了
麦子背下来了
从楼梯背下来

从堂屋背过来
房圈柜装青稞
房圈柜装麦子
装三天装三夜

来啊来大家来
团团围团团坐
围坐起好唱歌
冬月到快过年
过年要还神愿
过年要谢天恩
还神愿酿咂酒
笛莫珠玛木珠
打开柜舀青稞
舀出来倒锅里
打开柜舀麦子
舀出来倒锅里
用甜美泉水煮
用干洁泉水煮
青稞煮背上房
麦子煮背上房
酒曲子放三颗
青稞里麦子里
搅拌了和匀了
青稞放酒坛子
麦子放酒坛子

来啊来大家来
团团围团团坐
围坐起好唱歌

青稞放酒坛子
发三天又三夜
麦子放酒坛子
发三天又三夜
笛莫珠玛木珠
把青稞装坛里
把麦子装坛里
装进去七天了
装进去七夜了
笛莫珠玛木珠
把坛子打开了
酒坛盖打开了
青稞飘酒香了
麦子飘酒香了

有核桃那么香
香味却不一样
有蜂糖那么甜
甜味却不一样
酒香了酒甜了
笛莫珠玛木珠
商商量先敬神
敬谢谢天神恩
敬谢谢土地恩
笛莫珠玛木珠
神不喝不敢喝
笛莫珠玛木珠
神不吃不敢吃

开　坛（一）

敬请田界神一千
敬请凡间人一百
神一千凡人一百
你是天界之神人
我是凡间之凡人
你是神人我凡人
那个方位是神位
神的座位要分明
那个方位是人坐
凡人座位有分寸
首先要敬是天神
其次再敬使地神

白天发光太阳神
夜里发光月亮神
月亮旁边星宿神
水流之处是水神
树林盘中是树神
大山梁子住山神
地界之处是界神
房背面是纳查神
刀头馍馍供奉你
诚请神灵来受领
一块刀头表心意
一坛美酒把神敬

开　坛（二）

神啊今天来敬你
水源之水你来尝
大河之水我来喝
酒杆头子你来含
酒杆尾巴我来吸
请到神灵要分明
是日麦自古规矩
神塔上祭祀神灵
日麦山神要请到
日麦山神顺着请
就像弓背顺着弯
就像山脊自然拐
就像一对牦牛角
就像一对山羊角
就像云云鞋鼻梁
顺着脊梁往后翻
山脊村落念到哪
地脉龙神请到哪
松潘以上开头念
顺着山脊往下念
念到成都才结束

神龛刀头你来尝
仓房肉尾我来吃

神龛下面一坛酒
你不尝我不敢尝
你不喝我不敢喝
请到神灵要分明

一年一十二个月
一月共有三十天
要恭请灶神菩萨
要恭请灶王府君
掌管人间的烟火
上下来回忙不闲
一天来回跑三趟
两天来回跑六趟
三天来回就九趟
好事要传天神去
坏事要藏你怀中
父亲能干儿有才
母亲贤惠女有才
天公作美天要晴
地母发善地有收
家中来客好招待
客人要走送一背

刀头给你放一层

酒给你放一层
面给你放一层

许下千千有官运
许下万万做释比
还愿敬献牦牛来
牛头放在还原地
牦牛头颅堆成山
牦牛皮盖还原地
牛皮铺成大草场
牦牛尾巴插此地
化作万千神树杆
还愿敬献山羊来
羊头放在房背上
堆成一座座神塔
羊皮搭在房顶上
房顶盖满山羊皮
好似房顶石板盖
敬献瘦肉放上面
变成乌云黑压压
敬献肥膘放上面
化作朵朵白云罩
寨中家里好运到
一闪一闪阳光照
一亮一亮月光洒
子孙后代人丁兴
百年树根发新芽
父辈手上十八家
儿女身上二十五家
孙儿孙女三十六家
去时路上一行行
来时路上一群群

去时只是一家子
来时变成一寨子
一家发成九家人
一寨变成九村寨
一山长满黑松林
不够每家做神杆
一山长满柏枝树
不够每家神塔用
山中一笼黄金竹
不够每家做酒杆
一家祖孙三代人
九层碉房住不下
一寨牛头放满山
九匹山梁不够放
一村马匹吆进沟
九沟草山不够踏
一圈山羊发展快
九个羊圈关不下
一槽粪堆养鸡群
九槽粪堆都挤满
好运好福家中到
无病无痛过一生
从今过后好运到
空手出门抱财归
脚尖找钱挣钱易
脚跟拿钱来得快
脚踏四方方方利
张嘴说话有口才
怀中伸手有钱财
好运好福家中到
无病无痛过一生
在家做活年份好

地头庄稼无病害
一子落地万子收
外出挣钱事好干
钱财滚进不滚出
脑中一想事办到
心头一念事就成
进山之处山起雾
出门腰上吊佩刀
虎豹牙齿都长全
飞身上马狂奔跑
好运好福家中到
无病无痛过一生

寨中家里好运到
一闪一闪阳光照
一亮一亮月光洒
事事顺心要如意
美丽花儿开满山
脑中一想事办到
心头一念事就成
刀头敬酒敬奉你
天神诸神来领受
你不尝我不敢尝
你不喝我不敢喝

还晴愿

手里拿上青稞籽
召集寨人背上粮
人和粮食神保佑
首先请到是神灵
接下请的是凡人
请好神灵到祭坛
凡人来了一寨人
这村这寨上百来
大众人来都聚到
同庚之人都到了
今天是个啥子日
为啥人们都来了
今年过来属啥年
旧年过去属马年
新来一年是羊年
月份算好是十月
正好十月初一日
敬神要用头个日
一年还愿是今日
公羊用来还神愿
一岁之时人来养
二岁之时自找食
三岁成了领头羊
四岁悬岩当平地
五岁长满就还愿
献给神灵神要收
要用青稞就来给
栏架之上挂好了
今天要还天晴愿
人要心正要真诚
诚心还愿才灵验
天上布满是云雾
云雾罩了满山沟
山沟之上雾沉沉
天将亮了来还愿
蒙蒙亮了念经文
悬崖峭壁岩羊过
岩羊母子蹬石头
石头惊动了猴母
猴母又惊动猩猩
还愿之时惊动神
向神还愿释比来
还愿来到山梁上
獐子发出惊慌叫

山梁野鸡叫不停
天刚亮了我还愿
释比不大愿为大
释比不大愿旗大
释比还愿带愿物
铁齿锯子带九把
原路要把路障排
修好道路好还愿
青鹅掌做木刮刮
刮好神路把愿还
竹丫扫把带九把
打扫神路把愿还
竹丫扫把带九把
打扫还愿愿旗路
干净路道还上愿
凡民火塘的四周
从左还是从右走
一来还的好的愿
漂亮吉祥都还上
二来还的是大愿
大的好的都还上

这次做的还愿事
在此还愿是释比
祖师在前多指点
一年还愿神坛中
这次还给神的愿
神灵一定请收下
希望来年大丰产
五谷杂粮堆成山

到了来年进庙坛
焚香点蜡谢神恩
围着的人请让开
云雾罩子都散开
神的愿还上来了
四处天门都打开
云开雾散出太阳
不是春来胜似春
舅舅外侄一家亲
猴皮帽子人人戴
山中麻皮人人用
土猪皮子做帽子
铜制家什人人要
前面还了牦牛愿
接下来还黄牛愿
前面还了是猪愿
接下来还山羊愿
前面还了是山羊
接下来还是鸡愿
鸡愿之后旗插上
神成千来人成百
神居之地请来神
鼓声敲响凡人来
很多凡人都跑来
很多凡人都聚拢
一村一寨成百来
一村一寨成千来
招呼不好神不爱
招呼到位神要吃
神先不吃人不吃

今年过来属啥年
旧年过去属马年
新的一年是羊年
月份算好是十月
正好十月初一日
敬神要用头个日
一年还愿是今日
前面过的是神路
说到人间万物好
人间吉利百事顺
好地方来好收成
青稞麦子大丰收
没有功劳有苦劳
五谷杂粮堆满仓
不干不净要撵出
瘟疫病毒要撵出
请来雷神来驱除
羊已赶到庙门前

还愿之人有三千
这只羊子敬神好
大刀一把羊一只
抽出刀来神莫怕
抽出刀来人莫怕
神该收的都收了
神灵欢喜神高兴
山明水清人欢乐
前面一只是公羊
后面一只是公羊
在此众人没有罪
砍柴烧火没有罪
还愿释比没有罪
在座众人没有罪
还愿凡人没有罪
云雾深处释比走
人神欢聚和同乐

还　愿

送走旧年添新年　　　　　大夏国皇元昊帝
送走旧月添新月　　　　　晋国帝侯长虞王
年份月份都吉祥　　　　　岷山冉国庄帝王
喜迎还愿好年头　　　　　青衣羌国安阳王
择定还愿好正月　　　　　反霸幺主援剑王
星宿干支酉日好　　　　　浙江越国勾践王
恰逢今朝还愿日　　　　　战国七雄秦昭王
古规古俗古人兴　　　　　国始皇帝秦始皇
民风民俗先人立　　　　　新疆婼羌唐兜王
神帝之礼从不减　　　　　云南滇国尝羌王
天地山寨神敬请　　　　　成汉国帝李雄皇
诸位神仙不可少　　　　　大秦国帝姚苌皇
神下帝王皆分明　　　　　陕甘宁青莫折提
二十六帝顺序排　　　　　西藏唐旄达甲瓦
神农炎帝救命恩　　　　　羌葛里格奈舒王
蜀国先帝蚕丛王　　　　　昌都女国宾就王
治水安民夏禹王　　　　　四川虎国白利王
义渠国帝犀首王　　　　　青海国王诺曷钵
灭商复朝周武王　　　　　神鸡牛手都备齐
齐国创始姜子牙　　　　　受祭神帝各为位
冉駹大军王特帝　　　　　赢得神恩处处旺

天地人和皆大欢
羌家子孙万年兴

古俗所制不增减
神牛供品有来由
宜长之地生下它
黄河远上是它家
丝绸之路好牧地
无边无界是草原
神牛神羊遍山岗
神牛一岁正蹦跳
神牛二岁正像牛
神牛三岁多雄壮
神牛四岁好气魄
神牛五岁正用得
德高技人选神牛
魁梧潇洒显英姿
花中选花来确定
付子争得主满意
两厢情愿得交换
似如好苗拔地起
苗好叶茂花朵盛
籽壮粒大好祭品

祭祀之物非一般
神牛生长有来由
日麦地区可繁殖
宜长之地得生长
五岁之时成神牛
神牛长得肥又壮

选准神牛需征程
杉木顶坝神牛拴
松岗梁子神牛过
一步一步跟随走
途经来苏年年街
神牛显得威凛凛
羊肠小道慢慢行
一走走到泊卓街
瓦房衙门须经过
扁柏大树拴息气
日麦塔边拴神牛
鞭炮声经寨牌坊
众户房顶熏浓烟
香蜡纸钱迎神牛
净酒净水都摆齐
轰隆炮声连不断
神牛到村有规矩
会首家中饲几天

日麦村寨古俗兴
代代传承须遵循
免灾免难神保佑
三年向神求述愿
贡品贡物献诸神
六年大愿不增减
众议推举主会首
筹措物资和贡品
诸位神仙望此年
获得贡物民安康
贡物如象拔地长

硕果垒似神笑盈
凡间表白要诚意
心意不到可惩罚
随喜才能有功德
平常做事讲良心
及时遇难求神助
善有才会善来报
恶意之人受恶报
因得才有因果报
在世之人需记牢
省吃俭穿救他人
延年延寿幸福多
儿孙足下添福禄

会首堂屋神台前
油灯蜡光亮晃晃
高悬明灯光如月
普照万民免灾难
香柏纸钱起浓烟
今朝敬神来祈祷
荣华富贵到该家
为人存心多厚道
愿神驱除各杂病
积善之家庆有余
日麦处处多吉祥
祥瑞云彩利凡间

万物生长不离它
香火堂前还愿话
一心要报神帝恩
似如松柏万古青
福如东海不可量
神光普照福无边
牵引神牛撒墨萨[①]
神台下方笃押拜
释比诵经肃静声
还愿之年大吉祥
神牛今晨此起程
三神保佑主平安
多田多地该家得
宽房大屋子孙旺
出门外行超众人
空手出门抱财归
金银财宝滚进家
心想事成大吉昌
神牛出家得上路
鞭炮齐鸣冲云霄
挥龙舞狮添锦绣
热闹无比似海洋
浩荡集队缓缓行
远召似如彩带飘

神牛打扮多雄伟

①撒墨萨：羌语音译，译为唱起赞颂词。

声势浩荡庆祭节
第一点上撒墨萨
告诉诸神皆知道
吉日神牛已上路
古规点上诵经词
经典本是释比经
过路跨溪秽扫荡
唯愿路点千年在
逢祭之年复诵经
凶恶鬼神自躲藏
路经到达第二点
释比又把经文诵
龙神抬头是今日
八月十四也吉祥
恰逢月食天门望
一切鬼神自避开
神牛途经得顺序
天神诞生之日佳
还愿祭品更祥瑞
神牛挺拔勇挡路
一走走到庙门上
释比击鼓诵经典
通白寨中最大神
天神坐在凌霄殿
神通广大佑万民
天下神灵你掌管
羌寨老少表诚心
神牛已到神位前
望神保佑日麦人
凡间帝王占星宿

赢得民心统天下
帝王宝座继亨通
善恶本由神判断
人存好心天有知
善心之人神赐福
水神岩神都让路
凌霄宝殿领了旨
释比择定今吉日
普度神帝应为先
上管天来下管地
一切瘟疫都扫光
天地皆由神灵应
日麦老少愿平安
一切灾祸神能免
没病没痛创事业
万物终是有定由
日子越过越红火
呼风唤雨靠超力
天下百姓皆安详

吉祥之日晨时启
神牛须经转三圈
每转神树绕一次
祭祀诵经不一样
首诵今晨非一般
神牛威武转神路
徒步就从神树起
不停蹄声神路行
定时赶到神台前
日麦外出时运好

老幼愿神保健康
神灵旨意界四海
日月二光神通大
定有收成五谷丰
弟子各家有尊神
泰山石敢避邪妖
莫放邪魔入家门
朝拜虚空虔诚心
人心神意属一体
天神旨意普天下
福禄寿喜人心向
千灾万祸冲云霄
人人诚心神有感
世人要有好心肠
赢得神帝鼎力助
空手出门抱财归
金银积得买田地
粮食满仓五谷丰
白石为神自古今
大愿大慈必有获
救苦救难靠神帝
千山万水有威名
天下人民感神恩
风调雨顺民安乐
谷物丰登贺太平
羌家得利生意旺
牛羊成群满山坡
神帝保佑万事昌
心想事成事事兴
福禄福寿福真祥

天增岁月人增寿
财运前世已定型

众人大队出庙行
神牛见众不惊慌
古兴神路慢徒步
杯杯心愿得饮之
锣鼓喧天齐鸣咽
红霞满飞多精彩
欢乐如同汪洋海
吉日神牛按古规
神路途经两个点
每点呼唤释比经
神来运来祭祀年
月份运转日更祥
祭祀物品还洁净
呼到此段户户晓
房顶烧香熏柏枝
香味浓烟如云雾
鞭炮声声应山谷
犹如乐器在欢奏
浩荡转山集人群
似如地上蚂蚁般
成群集队排成行
热闹无比欢无边
家家端上盛酒壶
神路两旁接神牛
时辰转行神路里
各点都要撒墨萨
一路诸神都召呼

污秽恶邪都自避
以免自遭神惩罚
路遥之中显神牛
在众各点唱祭歌
欢天喜地似海洋
欢呼集队感神灵
一路顺风瑞气祥
一切灾病焚扫光
神庙下方平台坝
饮酒吸烟休片刻
释比念经通白神
神兵神将出宫迎
临近庙门气氛浓

神牛转路返庙门
神童武将塑两边
神牛神威压邪气
一步跨入大庙门
旁观看见真神奇
聚集众人赶庙会
望得神灵多保佑
日麦自古多神论
原始宗教已祭祀
神化白石受祭品
神力无穷有圣人
释比神师除恶手
人身似为猴头像
天宫分作管法器
木姐天上到凡间
仙天神灵巧安排
日麦斗安木姐配

天上人间结姻亲
那里凡间秽气多
凡间清静实再难
天王阿爸木比塔
派来大将木比纳
人间尊称你释比
吩咐专为除邪魔
释比祖师适逢时
化身定居在人间
操起法器斩妖鬼
世人安定创事业
男耕作来五谷丰
女织布来得温暖
野兽驯养成家畜
农牧两业始分工
母系氏族转父系
逐渐男子掌家权
坡地种植豆科类
平台溪边种青稞
玉米青稞配良方
用来酿酒香醇甜
浓香可口人人尝
名不虚传好咂酒
亘古至今也盛行
少康造酒始于此
仙间凡间都品味
祈祷神帝酒为王
麦面馍来配敬酒
刀头香蜡都备齐
供仙拜叩报神恩
头年许来次年还

鸡牛飞禽轮换祭
吉日日麦来还愿
神牛需经庙门进
缓缓到达神台前

天神之下诸位神
帝王将领都知晓
祭日非同平常日
天上星宿都吉祥
十二宫神属黄道
地支五行更适宜
神仙赐奉得吉日
日麦人把神牛牵
古规神路已接毕
神台石前已肃立
麦秆铺在神台前
香蜡纸钱都焚起
明晃蜡光金灿灿
释比肃立神台前
叩首敬拜天地神
还愿经典一一诵
此时神牛跪拜起
释比经序念毕后
通白神灵互转告
某村某寨在还愿
神牛高大膘肥壮
敬请天神来领受
望神赐给日麦人
一无病来二无痛
无灾无难得保佑
只有神威来驱病

原始宗教早诞生
敬神祭祀兴人间
好的都朝这方来
好运都向这边转
地脉龙神归此地
生老病死人规律
尊老爱幼好风尚
代代传承好美德
父母恩情比天高
人生难忘父母恩
孝敬父母子女情
不孝父母遭雷击
好心自有好来报
不偷不盗人人赞
损己利人功盖众
修路补桥增福德
杀人放火自找罪
生死簿上减寿年
悔心结德不晚矣
大愿之内年代显
庄稼不遭野兽吃
虫涝旱灾都避免
五谷丰登粮满仓
各类牲畜免瘟疫
牛羊成群猪满圈
人神共乐皆欢喜
再次叩谢天神恩
日麦老少神保佑
祝愿日麦人家发
家家清净万事兴
天上星星一样发

地上圆根籽样发
一家发到几百家
百家发到几千家
松柏常青永不老
人旺还得出英豪
名望之人无穷尽

日麦威名传四方
书生状元早登科
朝廷官府册有名
金银财宝滚进来
人兴财发福满盈

敬太阳

解秽不离三条水
白水解秽家神坛
黑水解秽山和岩
黄水解秽邪无踪
家神地神当坐稳
一年到头多辛苦
空荒犁地在坡上
季节一到齐动手
撒种施肥种庄稼
精耕细作最重要
除草定苗日当照
天旱之时求降雨
粮食种好不容易
神灵来帮人要勤
驱灾避邪要作法
收获时节谢神恩
青稞麦子磨成面
做来面馍敬神灵
神灵平民都吃到
释比点香请神童

神童不是非凡人
神童本是猴头神
野兽家畜都护佑
自古日麦都还愿
天地神灵都敬毕
保佑凡民都平安
以前畜圈不洁净
牲畜看管无安排
太阳升起羊出圈
羊出门时顶圈门
日落西山羊归圈
羊归圈时踩门栏
牲畜夜晚不归宿
山间豺狼虎豹多
牲畜受灾难发展
后来凡民敬畜神
看管牲畜多顺利
牛羊牲畜大发展
年年都念太平经
牛羊畜圈解了秽

敬玛比

天宫之中敬玛比
刀头和馍敬奉你
青稞麦酒请喝够
今年属相啥子年
旧年过去新年来
旧月过去新月来
旧年过去属马年
新年这年属羊年
月份算了啥子月
月份算了是八月
日子算了初几日
日子算了是初六
属相算了在属啥
属相算了属虎日
还愿敬神是吉日
还愿插旗是吉日
现来报答神保佑
白羊一只来谢恩
报答神灵来保佑

敬请天上神一千
敬请凡间人一百
神灵凡人分先后
神不吃人不敢吃
飘香羊肉请来吃
醇香美酒请来喝
火塘正中佛依且
火塘围坐不依且
火塘下方吾衣且
请坐三尊神入位
佛衣且一天三次
向神灵传达情况
三天之中跑九次
七月五谷丰收了
神不尝人不敢吃
庆祝丰收先请神
每逢十月还大愿
愿物来敬诸大神

去 病

今天是个好日子
天地十二大神灵
威州城内地方神
高处圣地神来坐
低处位子释比坐
朝上三句唱神灵
下唱之词唱凡人
一句一句来通白
今天昨天来作法
去年一年属羊年
今年一来属猴年
神与凡民不一样
今天是个好日子
去除病痛好日子
某人全身疼痛病
头痛发昏又眼花
莫名呕吐又心慌
请来释比算一算
释比甩卦扯索卦
阴暗去处魂不回
惊吓之后魂魄散
神灵口中来指明

×××人
病痛一天如搬山
病痛两天云雾散
凡人愚昧错要改
敬请神灵来谅解
凡人话语说错了
敬请神灵来谅解
必须要把凡人治
头疮眼疮全收去
头晕昏呕全收去
全身疼痛全收去
坐立不安全收去
精神爽的要做到
心欢畅的要做到
活得好的要做到
人安居的要做到
惹事生非人赶走
放虫害人要赶走
荞放烂花要赶走

凡人无策赶病怪
我给神灵去通白

高处祖师来助阵
低处祖师来助阵
大山祖师来相助
太阳祖师来相助
月亮祖师来相助
我不大来祖师大

我现在就来通白
我不大来祖师大
百事通顺能人助
神灵高兴人高兴
神灵笑了人欢乐
香蜡钱纸神领受

驱兽害

棉虫怪母铛铛响
棉虫怪公铛铛公
来找棉虫除祸根
释比做法驱虫怪
古时花朵古时谢
当今花朵当下开
油荤没有出棉虫
盐味没有出棉虫
这个家里这地方
来找棉虫窝藏地
要将棉虫清除掉
再深也要挖出来
一定将它要收走
范围再宽烧死它
太阳棉虫亮棉虫
月亮棉虫鼓样圆
星宿棉虫如流星
牦牛棉虫犁头来
猪的棉虫圈中来
羊子棉虫路中来
墙岩棉虫坪地来
古时花朵古时谢

当今花朵当下开
油荤没有出棉虫
盐味没有出棉虫
旧的地方已换改
旧棉虫根要挖除
新棉虫根被清理
高处作法祖师来
低处作法祖师来
大山中祖师来到
大梁中祖师来到
太阳升处祖师来
月亮升处祖师来
我不大则祖师大
棉虫窝儿已挖了
棉虫窝藏已销毁
师傅传授口中唱
棉虫窝藏挖掉了
棉虫之灾已消除
祖师母暗中助阵
驱赶消除了棉虫
时值今天这一天
凡人家里来作法

替死还生
面人来抵活人命
鬼面人朝外放去
用羊气味来驱散

用鸡气味往外放
鬼面人
赶出八山九沟去

神　袋

神庙神林来请神
人间之中有了神
还愿来了祭祀来
法器公是儿继承
法器母在家中放
法器带了上千种
法器带了成百种
自古以来已成俗
还的一头牦牛愿
许了牛愿还牛愿
自古以来成习俗
还的一头是猪愿
释比带的法器中
猪的牙齿有一样
许了羊愿还羊愿
公羊之中还一头
释比带的法器中
青羊角角有一样
若是许的绵羊愿
绵羊之愿来还上
释比带的法器中
绵羊角角有一样
若是许的是鸡愿
鸡愿一定要还上
释比带的法器中
鸡的脚爪有一样

请玛比

天上主事是玛比
人间主事是玛比
创造人类是玛比
管理人间是玛比
管理山川是玛比
管理草原是玛比
天宫大帝是玛比
管理天界是玛比
管理星宿是玛比
门洞门闩见了亮
天刚亮时现山顶
头戴白帽穿白衣
拴着白带穿白鞋
骑着白马扛白旗
玛比适时来出现
天刚亮时现山顶

头戴黑帽穿黑衣
腰拴黑带穿黑鞋
骑着黑马扛黑旗
玛比适时来出现
天宫之上的玛比
天刚亮时现山顶
头戴黄帽穿黄衣
腰拴黄带穿黄鞋
骑着黄马扛黄旗
适时出现是玛比
天宫之上的玛比
祭祀牛愿还上了
祭祀猪愿还上了
祭祀鸡愿还上了
神灵喜欢又高兴
人间喜庆多吉祥

治平安

不说子鸡有子鸡
说起子鸡有根源
王母娘娘带来了
抱来三双六个蛋
抱来三双六只鸡
一只鸡
一飞飞到天空去
天王土地逮住它
脱了羽毛换了衣
取名就叫凤凰鸡
二只鸡
一飞飞到山中去
山王土地逮住它
脱了羽毛换了衣
取名就叫田边鸡
三只鸡
一飞飞到水中去
水府三官逮住它
脱了羽毛换了衣
取名就叫闭水鸡
四只鸡
一飞飞到田中去

青苗土地逮住它
脱了羽毛换了衣
取名就叫乌骨鸡
五只鸡
一飞飞到家中去
家神土地逮住它
脱了羽毛换了衣
取名就叫叫鸣鸡
六只鸡
飞到释比手中去
脱了羽毛换了衣
取名茅人开光鸡
开光开光
开头光来开亮光
开光开光
开眼光来开亮光
眼睛为叫照四方
开光开光开耳光
耳听为叫听八方
开光开光开鼻光
鼻子为叫双龙洞
开光开光开牙光

三十二正牙光
开光开光开嘴光
开嘴光去亮嘴光
开光嘴大吃四方
开光开光开手光
开光手大抓四方
左手抓来金银伞
右手抓来聚宝瓶
开光开光
开脚光来亮脚光
脚大踩四方
方方踩吉利
开光开光
开肚光来亮肚光
一肚状元文学家
茅大哥茅二郎茅显平
二位老庚
同年同月同日同时

抓生换死替死换生
一命换一命
病三日
头腰痛
手脚痛
四肢无力
吃药不灵化水不灵
金花美酒雄鸡一只
刀头馍馍香蜡钱财
骑在茅人马背之上
茅大哥茅二郎茅显平
如有关津渡口桥梁卡子
凭据路票一张
茅大哥茅二郎茅显平
如口渴用茶钱揣衣兜头
如饿了打尖馍馍带着的
半路无事莫耽误
早去早回家

狩猎人

天命定我狩猎人
儿时狗奶养我大
一月像狗一样笑
三月像狗一样坐
七月长了对狗牙
十二岁时梦打猎
猪的肝肺没吃过
野物肝肺我吃过
家里饭菜没吃过
猎人饭菜我吃过
房子上面是旱地
阿哥分我我没要
房子下方是水田
阿哥分我我没收
朝着墙角看一看
漂亮火枪墙上挂
漂亮火枪我要了
走到大门看一看
白爪大狗跟我叫
白爪大狗我要了

再到凉山买猎狗
再到同山买猎狗
八层馍馍我没吃
八层馍馍给狗吃
上山打猎没帽戴
羊毛毡子头上裹
寨子背面狗三声
白爪大狗使劲叫
闻到野物喊主人
白爪大狗使劲叫
撵着野物满山跑
阴山阳山都撵尽
漂亮火枪肩上扛
跑到山上去打猎
夜晚住在岩窝头
不停传来野物叫
野物吼叫我不怕
只念屋头老阿爸
夜晚岩窝烧大火
火上烤熟野物肉
闻到野物肉香味
想念家中老阿妈

关兽害

诸神最大太阳神
兽害关闭石墙洞
月亮之神关害兽
青苗土地关害兽
水源之神关害兽
启明星神关害兽
神树林来关害兽
众山之神关害兽
田地界神关害兽
纳察①之神关害兽
天宫玛比关害兽
日麦木比关害兽
威州甲洒关害兽
目达姆尔②
略过姆尔③
房背栏架关害兽
纳察白石关害兽

石墙四角插杉杆
杉杆插处关害兽
水涧槽处收害兽
罩楼之上收害兽
太阳月亮收害兽
房檐梯神收害兽
接送门神关害兽
火塘之神关害兽
神灵一千关害兽
凡人成百关害兽
神喜欢来神高兴
山笑水笑人欢乐
人间害兽都收尽
人间住处害兽尽
神来神来好不好
各路神灵都高兴

---

①纳察：羌语音译，译为神塔。
②目达姆尔：羌语音译，译为土地公。
③略过姆尔：羌语音译，译为土地婆。

说是非

天下邪公勒苏笔
天下邪母勒咄兔
专门作邪搬是非
说人坏话害自己
搬弄是非不吉利
捆柴篾绳会折断
搬弄是非家财损
上山打猎无收获
洗碗刷锅不吉利
从前就有两兄弟
别莫依和别莫嚅
大儿莫依听父话
孝顺父母不吃亏
父亲留房添三间
母亲留地勤耕耘
老二莫嚅不听话
不听忠告吃了亏
卖去父亲给的房
卖光母亲给的地
父母逝后两人惨
分门立户寨里住
老大勤劳挣家业

老二懒惰败家底
十九匹梁上面坐
寨里乡亲评是非

常敬天地别莫依
常把愿还别莫依
神坛前面立神旗
又到神坛插白旗
十一月间杀猪羊
又用猪血涂大门
辛勤劳作终有报
长大娶妻成了家
莫嚅闲荡荒正业
找来皇帝针线筒
一个针筒借藏人
藏人去缝皮衣服
针筒掉进灰堆里
二个针筒借日麦
日麦用来缝毯挂
针筒掉进草丛里
三个针筒借汉人
汉人用来缝纽绳

第四章 仪式篇

金色针筒落河里
不听父话上了当
不听母言吃了苦
丢了针筒怎么办
上山放狗来消遣
跑出家乡做生意
十九匹梁上面坐
寨里乡亲评是非

别莫依和别莫嚅

谁好谁坏你们知
莫嚅是个败家子
赶出大门莫要回
莫依是位持家人
要留家中把业兴
这段别经已完了
唱完别经明是非
快把是非邪魔撵
撵到八梁九山去

出 征

正月点兵梅花开
我去点兵校场坝
兵官拿棍来点兵
点来点去点中我

二月点兵拜我爷
我去当兵爷在家
人家养孙养到老
你家养孙去当兵

三月点兵拜我奶
我去当兵奶在家
手拿草纸拜三拜
神坛前烧香蜡

四月点兵拜家父
你家儿子去当兵

五月点兵拜家母
我去当兵母留家
早晨烧香拜三拜
下午烧香望儿回

六月点兵拜我哥
我去当兵哥在家
前年哥哥嫌我小
这次点兵点上我

七月点兵拜我嫂
我去当兵嫂在家
人来家去好好待
你家哪弟去当兵

八月点兵拜我姐
我去当兵姐在家
早早关门早早睡
免得旁人数是非

九月点兵拜我弟
我去当兵弟在家
你家哥哥去当兵
犁头枷担丢给你
田边地角深深挖
一家生活全靠你

十月点兵拜我妹
我去当兵妹在家
妹妹问我几时回
水车自转不用力

冬月点兵拜我妻
我去当兵妻在家
前时娶你红花女

这时丢你半路妻

腊月点兵拜故土
我去当兵心想家
半夜三更牛角响
大吼三声起战火
只见人血长长流
不见兵哥回家转

附录：调查档案

一	
时间	2020年4月
姓名	尤生富
性别	男
族别	羌
年龄	79
籍贯	茂县太平镇牛尾村
内容	民俗

二	
时间	2020年5月
姓名	汪友伦
性别	男
族别	羌
年龄	82
籍贯	汶川县绵篪镇文化馆馆长退休
内容	民俗、建筑

三	
时间	2020年5月
姓名	周吉祥
性别	男
族别	羌
年龄	75
籍贯	茂县永和乡汶川县威州示范学校退休教师
内容	民俗

四	
时间	2020年7月
姓名	孟子成
性别	男
族别	羌
年龄	74
籍贯	理县蒲溪乡
内容	仪式

五	
时间	2020年7月
姓名	祁润清
性别	男
族别	羌
年龄	67
籍贯	理县蒲溪乡
内容	民俗

六	
时间	2020年6月
姓名	余友陈
性别	男
族别	羌
年龄	71
籍贯	茂县黑虎镇
内容	民俗、仪式、建筑

七	
时间	2020年6月
姓名	王兴国
性别	男
族别	羌
年龄	70
籍贯	茂县黑虎镇
内容	民俗

八	
时间	2020年3月
姓名	王万伦
性别	男
族别	羌
年龄	73
籍贯	原茂县三龙乡现沙坝镇
内容	民俗、仪式

九	
时间	2007年10月
姓名	杨水生
性别	男
族别	羌族
年龄	74（已故）

续表

籍贯	汶川龙溪乡夕格		性别	男
内容	民俗、仪式		族别	羌
十			年龄	70
时间	2020年10月		籍贯	茂县原维城乡现赤不苏镇
姓名	李忠廷		内容	民俗、节庆
性别	男		十五	
族别	羌族		时间	2019年12月
年龄	74岁		姓名	王科贤
籍贯	邛崃南宝山直台村		性别	男
内容	民俗		族别	羌
十一			年龄	74
时间	2020年10月		籍贯	理县薛城镇
姓名	何东全		内容	民俗、建筑、节庆
性别	男		十六	
族别	羌族		时间	2020年1月
年龄	72岁		姓名	汪清发
籍贯	邛崃南宝山直台村		性别	男
内容	民俗		族别	羌
十二			年龄	75
时间	2020年9月		籍贯	汶川县绵篪镇
姓名	王富成		内容	民俗、建筑、仪式
性别	男		十七	
族别	羌		时间	2020年2月
年龄	81		姓名	肖永庆
籍贯	茂县原曲谷乡现赤不苏镇		性别	男
内容	民俗、建筑、节庆		族别	羌
十三			年龄	80
时间	2020年9月		籍贯	茂县沟口镇
姓名	王正平		内容	民俗、建筑、节庆、仪式
性别	男		十八	
族别	羌		时间	2020年2月
年龄	75		姓名	肖永刚
籍贯	茂县原曲谷乡现赤不苏镇		性别	男
内容	民俗、节庆、仪式		族别	羌
十四			年龄	76
时间	2020年4月		籍贯	茂县沟口镇
姓名	王永贵		内容	民俗

后 记

语言是人类文明的重要载体。一套统一完整的交流沟通工具——语言体系，经历了我们难以想象的形成时间和磨合过程，才以一种复杂的完美的语言系统呈现在我们面前，形成一个族群的核心文化。

世界上的小语种随着使用人数的减少，传播功能会逐渐减弱，如果没有相应的文字记载，加之使用环境的变化，小语种语言会慢慢地消失在历史的舞台。所以人类从古至今要面临一个问题，就是小语种的不断消失。

羌族（尔玛、日麦、冉駹）是个古老的民族，是我们中华民族大家庭中的重要成员，为中华民族灿烂的历史文化做出了不可磨灭的贡献。2008年汶川特大地震使羌文化遭受毁灭性的打击，党中央高度重视，建立了国家级羌族文化生态保护区。在国家的大力支持下，羌文化得到了科学全面的保护和传承，羌文化保护体系进一步健全，文化保护实践空前活跃，保护传承工作取得了显著成效。作为一名普普通通的羌族人，我非常庆幸自己生活在伟大祖国的和平时代，庆幸生在羌语还在、古语犹存的年代，也庆幸自己还能说出一口流利的白话羌语，并且热爱它。我从小就喜欢扎堆在老年人群中，听长者们交流沟通，因为在他们的交谈中，会听到无数不常用的华美羌语单词、短语、谚语、传说。我常常惊叹不已，很想一探博大精深的羌族古语，祖先的伟大，仰望人类这一伟大的工程。

随着改革开放日益深化和经济社会不断发展，少数民族人口流动进入加速期，原本较为封闭的羌族聚居区，前所未有地加快了与外界的交流、交通、交融，联系的广度和深度都在加强，随之而来的是民族文化的急剧消亡。特别是以语言为载体的羌语（尔玛语、日麦语或冉䭽语）口传文化尤为突出，主要表现在：一是掌握有大量语言词汇、口传文化的老一辈快速消失而出现断档断代现象；二是因大量的青、中年男女为了生计涌入大小城市，长年累月定居外乡，赖以生存的语言环境——原始村寨变成"空壳村"，本民族语言无以为继；三是绝大多数新生一代生活、学习、成长在城市，本民族语言使用率极低，学习语言的意识淡薄，从而失去了语言培育基础。语言的快速丢失造成核心文化的极速消亡，按时间计算，最多50年，羌族核心文化——口传文化将消失80%以上。眼看着这一语言快速消失，羌族独特文化随之消亡，我很惶恐，想尽自己的一份微薄力量，及时抢救和保护，系统、全面、完整记录和保存现有的濒危文化已迫在眉睫。现在唯一能做的，就是和时间赛跑，去记录和标记它们。

"索尔"为古老的羌语音译，意为颂辞，是羌族日常生活中具有神性、诗性、物性最唯美的口头说唱传统的艺术语言。其内容包括祝福、寄托、教育、开坛、祭祀等，在羌区被广泛使用。它具有想象丰富、语言凝练、语句工整等特点。在羌区，"索尔"也是羌族释比文化和尼莎文化之外，记录羌民族历史、文化教育、生产生活、信仰习俗等又一部丰富的羌族非遗传承的口头说唱传统文化艺术。"索尔"文化存在于羌族的婚丧嫁娶、羌年等重大活动的特定场所，是勤劳智慧的羌族人们历经千年长期不断对日常生活与自然生命的总结。我们通过对羌族"索尔"文化的了解，可以走进羌族人们日常生活中的方方面面，了解其文化的深层内涵。因此，"索尔"是羌族人民传承的智慧结晶，是一部比较完整的知识集成，具有语言学、民族学以及人类学意义上的研究价值。

本次和余永清老师共同整理《索尔羌族口传非遗文化调查整理》，因工作繁琐、时间有限，仅整理了理县、汶川、茂县少部分乡镇老人的索尔，其他乡镇及松潘县、黑水县索尔还未来得及采录。全书分为四章，第一章为"民俗篇"，包括婚礼、葬礼文化中包含的相关颂词内容；第二章为"建筑篇"，包括祭祀、地门龙神、奠基砌墙、安家神、敬灶神、颂木匠、颂铁匠等；第三章为"节庆篇"，包括狩猎节、瓦尔俄足节、羌历年、十二月颂等；第四章为"仪式篇"，包括还愿、柏枝洁净、驱兽害、请玛比等。要说本书有一丝丝价值的话，文中能了解一二，更多的是在长者倒背如流的颂词语境里，在一句一句和长者用羌语翻译的原始档案中才能领略到。

当被采访的长者们进入到生活场景、进入到仪式场景时，一长段一长段的古语颂词信手拈来、脱口而出，当这些优美的辞藻用语言表达出来的时候是如此的华美。听长者们说"这不是我说的，也不是我编造的，是祖祖辈辈一直以来都是这样说，我们是照着说，照着做而已"时，说"我没文化，没读过书，脑壳笨，我们的老一辈会得更多，我也只能记住这些"时，每每听他们说起这些却无言以对、无从下手时，感到贮存在自己脑海里的仅有的几个词是那么的苍白无力。我们只有默默地许下心愿，加紧步伐，从消失殆尽的老者身上，挖掘点点滴滴的核心文化，把不同村落流传类似的索尔多种版本，通过田野科学分类整理和翻译把典型的版本收录，建立完美的音频、视频语言数据库，供大家去了解，去发现。

现在正当时，倾力以为之。

此项工作能够顺利开展，一是因为得到阿坝州文化体育和旅游局陈顺清书记、巴黎局长两位领导的大力支持，同意阿坝州文化体育和旅游局作为项目甲方开展此项工作并给予经费支持；二是得到了索尔老师不辞辛劳，倾囊相赠；三是进村入户调查、采录、翻译过程中得到了理县王科贤、茂县王正平等老师的大力帮助。在此，表示衷心感谢。

景世荣

2021年12月12日